そこが聞きたい
山林の
相続・登記相談室

鈴木慎太郎 著

Shintaro Suzuki

林業改良普及双書 No.106

まえがき

山林を相続された方へ

たとえばあなたが、500万円くらいの山林を相続したとしましょうか。

親御さんからあなたに名義を変える手続きには、実費は3万円くらいしかかかりません。

内訳は法務局に納めるお金が2万円、戸籍の書類を集めるのに1万円くらいです。

手続きを自分ですれば費用はこれだけ、というのがこの本でお伝えしたいことの一つです。

特に林業関係者の方へ

林政学専攻の司法書士と造林学専攻の編集者。林学科卒の2人がタッグを組んで、この本を皆さまにお届けできることになりました。林業界に関心もシンパシーもある、とはいえ筆者が司法書士になる前に山で仕事をした期間は、砂防ダム調査で1カ月あるだけです。場違いなことを言わないように本書は「編集部から示された質問に、普段の相談のように答えていく」という構成をとりました。「現代林業」誌に連載の法律相談室をずっと保存しておられる方がいると聞いていますので、関連する書籍や相談先の紹介を盛り込んであります。あわせて使っていただくことで、不動産や相続人の調査から相続登記を経て次の世代への生前贈与・遺言までの手続きについて、その気になれば自分でできるようになるだけの情報を持たせました。

本書を手に取られた皆さまに、一つお願いがあります。本文各所で説明する遺産分割協議が難しそうな状況の人がお知り合いにいるようなら、できれば遺言書を作ることを勧めてほしいのです。そうしたご協力がないと、遺産分割協議困難な、つまり所有者不明になる山林が皆さまのまわりで増えます。この本では不動産登記の手続きを「自分でできる。応援する」という立場を取りますが、それは特殊な情報を伝えるためではありません。士業への依頼費用や相談窓口への遠さが手続きの障害になるならば、実務家として見過ごせないと考えるからです。

とはいえ、これは相続未登記・所有者不明土地の増加という洪水に、自作の土嚢で立ち向かう営みです。1人でどうにかできるものでもありませんので、ご意見・ご質問などお気づきの点は全林協編集制作部にお寄せください。本書の販売実績にもよるでしょうが、彼らは皆さまのために筆者の使い道を（ときには、筆者が知らないところで！）考えてくれているようです。

2018年2月　　司法書士　**鈴木慎太郎**

目次

相続登記 編

譲渡（贈与・売買）編

合筆・分筆 編

後見・信託 編

各種文書の書式例

【本書の読み進めガイド】

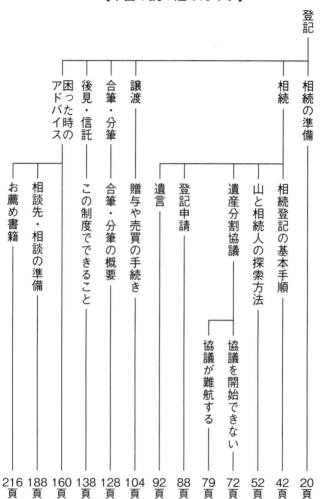

相続の準備 編

いざという時にご家族が困らないよう、相続を迎えるに当たって、元気なうちに準備しておきたいことがあります。なかには山林特有の問題もありますが、まずは一般的な相続対策と同様に考えていいでしょう。

あらかじめ、山林その他財産等の状況を調べること、ご家族に引き継ぐこと、ご意思を伝えることで、ご家族の苦労を大きく減らすことができます。

山林の相続を迎える準備

Q　私も親も大した財産はありません。相続なんて関係ないのでは？
A　そうかもしれません。他の人たちとの関係に気づいていないだけかもしれません。

私たちには財産がない。だから世間がいう相続問題など関係ない、というのはよくある話です。誰もが興味がある「遺産」、土地やお金に関してはちゃんと引き継ぎが済んでいるかもしれません。ただ、法律上は人が亡くなると、亡くなった人の財産のほかに負債も、生きている他の関係者が引き継ぐことになっています。これが「相続」です。どんな人が引き継ぐか、つまり法定相続人になるかは民法で決まっています。

この本で説明している不動産の名義を変える手続き、つまり不動産登記では、亡くなった方の法定相続人全員の協力を求めているものがいくつかあります。亡くなった人の権利や義務を引き継ぐかどうかに関わらず、法定相続人として協力を求められる「立場」は必ず引き継いでいる、と言えます。そうした権利や義務や立場を引き継いだ後にきちんと処理されないものは、当初の相続人の死亡、つまり次の相続により、さらに相続人に引き継がれていきます。こうしてどんどん子孫や兄弟に関係がつながっていき、法定相続人が増えていきます。

ある人、例えば自分の親の相続を仮定して法定相続人が誰か調べることは簡単に思えます。妻や子供の存在をチェックするだけです。ところが、あなたの伯父さん（親の兄）が先順位の相続人がない状態で死亡したら、あなたの親御さんが「法定相続人」の1人になります。そうなるかどうかは、あなたの伯父さんに先順位の相続人、つまり子や孫がいるか、伯父さん死亡の時点で生きているか次第……となればすぐには事情がわからないでしょう。ある人が誰かの法定相続人になるかどうかは絶えず変化するもので、来年どうなるかはわかりません。納得できるようなできないような話ですが、大した財産も借金もない親類が死んだために妙な立場で協力のお願いを受けることもある、そんなふうに考えておいていただけると、登記のお願いをする司法書士（筆者）も助かります。

もう少し厳密に考える必要があるのは、親御さん・お祖父さんの遺産をなんとなく引き継いだ場合です。法定相続人みんなが話し合って遺産を引き継ぐ人をちゃんと決める、つまり遺産分割協議を終えるまでは、遺産は相続人みんなのもの、つまり「共有」していることになっています。この状態や、最初からみんなで共有しようと決めて相続した状況では、共有者たちができることは、合意を集めることができた共有者の持ち分の割合に応じて決まっています。相続や共有林の扱いに関係してとても重要なので、先に説明します。

・共有者が誰でも1人でできること（保存行為）

その不動産の現在の状態や価値を保つためにすることで、他の共有者の不利益にならないこと。建物だと劣化した箇所の修繕が例に挙げられます。筆者個人の意見ですが、人工林なら下草刈りや枝打ちでしょうか。同様な条件の山林で伐り捨て間伐が標準的な施業と言えるなら、こちらに該当するはずです。

・共有持分の過半数を持つ人の合意でできること（管理行為）

不動産の状態を変えずに活用して収益を得たり、価値を上げること。短期の契約（山林では、使い方によって5年または10年）で賃貸に出したり、契約を解除して次に貸せるようにすること。収益が発生する間伐も想定できますが、間伐の必要性が高いほど管理行為から保存行為に近づくと考えます。実施しなければ山が荒れるから、という理屈です。

・全員一致を要すること（処分行為）

不動産を手放したり、元に戻せない状態に変えること。林地の売却、主伐、宅地への転用や土木工事、長期の賃貸に出すこと。

山林の伐採については大正時代から裁判例があり、他の共有者に断りなく伐採して損害賠償請求された事例があります。切土・盛土を伴う林道開設が管理行為か処分行為かは裁判例がないようです。だから手をつけられない、と考えるか、損害を賠償できるように準備だけしておいて強行してしまおう、と考えるかは人それぞれでしょう。何をするにしても、実情を知らない人から横領だの損害賠償だのと言われても動じないようにまず予備知識を持ってほしい、と筆者は考えます。

民法は基本的に、各登場人物が自分でちゃんと考え意思を示して決めたらいい、人はそれができるはずだ、という前提に立っています。人が自分の財産をどうするかはその人の自由なので、財産は生きているうちの意思、つまり遺言で好きな人に相続させることができます。

とは言え、度が過ぎたことや他人の権利を傷つけることはまずいだろう、ということで、遺言で相続人のうち1人だけに全財産を相続させようとしても「遺留分」の規定で制限を受けます。借金返済等の義務は遺言や遺産分割協議で変えることはできず、法定相続分にしたがって相続されます。借金を相続するのが嫌な人には、相続放棄という〝緊急脱出装置〟が設けられています。

寝たきりで意思表示ができない、行方不明で話ができない、未成年だから勝手なことはさせられない、そんな人の代わりになる別の人を決め、必要なことをさせて本人の立場を損ねないようにする制度もあります。これは、本人と関わりを持つ周囲の人たちのための制度という面もあります。「成年後見制度」は本人保護の意味合いが強く、「不在者財産管理人」は本人の周囲の人たちが頼る制度です。そうまでしてはいるものの、どうにも解決できないもめ事が起こったら裁判所が関わってもいい、ということで相続関係の紛争では家事調停が用意されています。しかし裁判所は、情報の不足や手続きの費用のせいで気軽には使えないように見えます。

こういった制度や考え方を説明し、最終的には適切な相続登記につなげるのが、本書前半の目的です。

元気なうちにできる対策

山主さんご自身が亡くなった際、後継者を含めた家族のみなさんに、トラブルなく相続手続きを終えてほしい、という思いがあることでしょう。そのために、今やっておくべきことはなんでしょうか。つまり、ご家族の不安を取り除くために、今からできる対策はなにか、ということです。

山林に特有の問題として、所有林の位置や境界などの現況把握が難しいという問題があります。しかし、それを除けば、誰に相続させるべきなのか、今後始まる相続手続きの障害となる状況がないかなどの検討、つまり一般的な相続対策と同様に考えていいでしょう。

大まかに言うと、次のような手順が考えられます。

①財産面での状況把握

山林を含む不動産・全財産のとりまとめ（一覧の作成。「負債」も含む）

先代から相続登記未了の財産等はないかも確認

②法定相続人（配偶者や子など）の状況把握

相続人の間で対立はないか

生死不明（連絡不能）な相続人はいないか
認知症や寝たきり等の相続人はいないか

③山林の状況把握と財産に関する情報の継承

保有山林について、記憶している位置・境界等の情報があれば伝える
財産関係の「書類」の整理。昔の契約書や無効な権利書、保険証券などは混乱のもと

④前記を考慮しつつ、できる対策の立案

他の財産も含めて総合的に考慮する必要がある。なぜなら、何を誰に相続させるかを遺言で指定するだけでも、遺留分侵害等の可能性は発生するため。また、相続税が発生する場合、「納税資金」の調達方法も要検討

⑤これらが難しければ、最低限の対策を

「すぐできて、ないよりまし」な対策もある
市販のエンディングノート（遺言には非該当）に、覚えている財産を書き出しておく
自筆証書遺言の作成は、無料でできて効果大

①財産面での状況把握（負債を含む）

Q　相続対策とは、相続税のことだけでしょうか？

A　相続税のほかに、遺産をうまく分けられるかどうかも問題です。山林だけではなく、すべての資産の価値で考えます。負債も含めて考えてください。

相続と聞いてまず頭に浮かぶのは相続税でしょうか。相続対策と聞いて、相続税の節税対策を連想される方もいるでしょう。相続税は、山林だけを見るのではなく、不動産、現預金などを含めた財産全体の評価額で考えるものです。そこでまず、全財産を調べ上げ、納税対象額となるかどうかを検討しておく必要があります。実際には相続税の納税義務が発生する人のほうが少ないのが実情です。

相続税を心配しなくて良いご家庭の相続対策は、円満に遺産を分割して引き継ぐための対策です。特定の相続人に山林を持たせたいと考えた場合に、ほかの相続人が相続する財産との間に価値の不均衡が生じてしまうと、相続人の間で遺留分や法定相続分をめぐってトラブルが発生することもあります。そうなると、希望する人に山林を相続させることも難しくなります。

財産が少なく（基礎控除の範囲内で）相続税の課税対象とならなくても、財産が不動産中心の場合は、きれいに分けられないという問題があります。例えば、自宅（実家）600万円、預貯金200万円、山林100万円の財産を、子供3名で相続する場合です。子供たちの間での法定相続分は平等とされていますから、実家を継ぐ子とそれ以外の子とで不均衡が生じ、そのままでは揉める可能性があります。

したがって、どんなご家庭の相続対策でも山林だけではなく財産全体とそれを相続させる割合など、全体を広く見ておかなければなりません。

もう一つ、現実的な問題として、負債の存在があります。

財産は相続人たちが話し合って相続する人を決めることができますが、負債はそうではありません。相続人たちの話し合いは、亡くなった人の債権者には関係ないのです。債権者は相続人たちの話し合いで出た結果にかかわらず、法定相続分で各相続人に借金の返済などを求めることができます。相続人がこれを免れるには、相続放棄するしかありません。借金ならば亡くなられた方が把握している可能性が高いのですが、厄介なのは他人の債務の保証人になっている場合です。相続人は、保証人としてお金を返す義務も引き継ぎます。

例えば、亡くなられた方が自分が経営する会社の保証人になっていて、その会社に負債がある場合、財産を使って清算または再建するのか、あるいは相続放棄しなければならないのか、という点は考えておかなければなりません。これは生前贈与のときにも問題になります。債権者の追及から財産を逃がす手段として生前贈与を考える方がいるのですが、債権者から「無効である」あるいは「取り消してほしい」と主張され、訴訟で負けることが実際にあります。ここであえて、「負債を含む全財産の調査」としたのは、そうした理由です。負債や債務の保証人になった状況を含めた資産全体を見ないと、相続の進め方の方針が立てられないのです。

また、相続登記未了の財産がないか確認しておくことが望ましいです。自分名義でなく、先代あるいは先々代名義の財産です。探すと出てくることが実際にあります。

②相続人（配偶者や子など）の状況把握

Q　相続するのは妻と子の予定ですが、ここでのポイントは？

A　遺産分割協議がスムーズに進むかどうかの見極めです。難航することが明らかならば、遺言の作成を強くお勧めします。

ほかに法定相続人になるお子さんはいませんか？　相続人の状況把握は、非常に大切です。

こうした表現で相談を始める方に、遺産を相続させないと決めたもう1人の子がいることがあります。法定相続人全員の状況を把握することも、相続対策の基本です。

山林所有者が亡くなり、遺言がない状態で相続が始まると、法定相続人の間で遺産分割協議を行います。この遺産分割協議が成立しないと山林を希望の人に所有してもらうことができず、ご希望の人が所有者になる相続登記もできなくなります。遺産分割協議が終わるまで、法律上は山林は法定相続人たちによる共有のままなのです。

例えば、亡くなった方の奥さん（相続人の1人）が寝たきりで意思疎通ができない場合、その人本人との遺産分割協議はできません。こうなると、特定の人（例えば長男）に山林を相続させたいと思っていても、遺産分割協議による相続は難しくなります。成年後見人を選任して遺産分割協議ができるという本もありますが、その申し立てや後見人への報酬といった費用がかかることまで考慮する必要があるでしょう。

このように遺産分割協議が容易に成立しないことが相続前から明らかでも、生前に遺言を作成しておけば遺産分割協議の必要そのものがなくなります。ここは遺言の作成を強くお勧めしたいと思います。

③山林の状況把握と情報の継承

Q　山、特に現地に関して、生前にやっておくべきことは？

A　把握している内容を記録に残しましょう。後継者が扱いに迷う書類も整理してください。

境界はもちろん、現地への行き方も不明なケースが多いので、把握しているなら記録に残してください。ハンディGPSを使って記録を残すことも有効です。その作業を親子でできるなら、それが一番良いでしょう。

それともう一つ。財産に関する過去の書類がたくさん残っていることがよくあります。今は効力がない昔の契約書、山を人に譲ってしまった後の権利書などが雑多に残っていて、相続時に悩むことになります。必要なら司法書士やファイナンシャルプランナーなどの専門家に見てもらいながら、不要なものは破棄しましょう。自分では分からなくても、見る人が見れば、要否が分かります。必要なものだけに整えた上で託す、継がせるのが望ましいです。こうした作業を通じて、忘れられていた財産を発見できることもあります。

④前記①～③を考慮しつつ、できる対策の立案

Q　自宅は妻に、山は長男に、と考えていますが、どんな問題が考えられますか？

A　他の子に不利にならないか、相続税の納税資金が確保できるか、が問題です。

ここまでで明らかになった財産、相続人、各々の状況といった複合的な要素を加味した上で、総合的に対策を講ずる必要があります。

特に、誰に何を相続させるか、その方針を良しとしない他の相続人がいるかが問題です。不動産が財産のメインであれば、財産を平等に分割することが難しくなり、遺言を書いても他の相続人の遺留分を侵害する可能性が出てきます。生前に相続の方針について合意が得られていればトラブルには発展しないかもしれません。しかし、いざその場面を迎えた際に、何が起きるかはわかりません。

Q 資産は自宅と山林、田畑といった不動産がメインなのですが……。

A 均等に分けられなくても、ご自身の意思表示は大切です。

不動産ばかりの相続はよくある話です。各相続人が相続する資産の価値に、どうしても不均衡が生ずることがあります。しかし、遺留分を主張される可能性を承知の上で、あえて全財産を特定の息子に、などと遺言で指定してしまうことは、何もしないよりはずっといいです。相続人たちがにらみ合った状態で、遺産分割協議が成立しないよりは、遺留分を主張したいなら主張すればいい、と腹をくくってしまってもいいのではないかと、私は考えます。

つまり、あなた自身の意思表示をするということです。その意思に納得して、相続人が遺留分を主張せずスムーズに進むことも当然ありますし、遺留分を主張したくても弁護士への依頼費用など、手続きに必要なコストが制約となって争えなくなるパターンもあります。

ですから、遺留分の問題が残るにしても、遺言での意思表示が大切なんだなと考えていただければいいでしょう。

Q　相続税を納められるか心配です。物納も可能でしょうか？

A　不動産、特に山林の物納は非常に難しいものとお考えください。

相続税が発生する場合、納税資金の調達方法を検討する必要があります。現金が工面できなければ、不動産を売却することを考えますが、すぐ売れないこともあります。そこで物納はできないものかと考えたくなるのは、自然な発想です。

相続税を現金で納付できない人のために、相続財産の現物、例えば土地をもって納税できる制度が昔からあるのですが、今では年間１００件ほどしか適用されていません。要件が厳しいのです。物納できる不動産は、隣地との境界が明確である必要があります。山林に関して言えば、ほぼあきらめたほうが良さそうだ、と考えてもらって良いでしょう。そうなると、納税資金に回せる現金が足りない方は、不利な条件でほかの財産を売る、利子税を払って延納を検討するなど苦労します。ですから、相続税が発生するかどうかを事前に調査しておくことが重要です。

Q　ますます心配が増えてきました……。

A　そもそも、相続税が発生しないかもしれません。

不安に思われるのも無理はありません。しかし、そもそも相続税が発生しないこともあります。法定相続人が3人、例えば奥さんと子供2人の場合では、資産総額4800万円までは相続税が課税されません。資産は地方都市の自宅と小面積の山林、それに若干の現金があったとして、5000万円を超える資産を持っている人が、どれだけいるでしょうか。大企業のサラリーマンや公務員として勤めて退職金をもらった人、会社経営者となると別ですが……。

ですから、資産と相続人の数を早めに確認しておけば、相続税の心配をする必要がないことがわかり、この点では安心できるかもしれません。

ただし、納税の心配がなくなっても、別の心配が残ります。今度は遺産を分割するための資金です。

Q　遺産分割のための資金とは？

A　不動産など、均等に分割できない資産を相続する場合、他の相続人と分割後の資産価値を均等にするため、現金で補うことがあります。代償分割と言います。

例えば、相続人が子3人で、自宅が600万円、預貯金が200万円、山林が100万円、合計900万円分の資産があったとします。これを法定相続分で3分割すると、1人当たり300万円になります。仮に1人が自宅を取ると、その1人で600万円分を得ることになり、他の2人の取り分と不均衡が生じます。

他の相続人が同意すればこの内容でも協議を成立させられますが、不利になる2人と揉めて遺産分割協議が難航することもあります。結局、資産価値が3等分（1人当たり300万円）となるようにしようとなった場合は、自宅の価値が600万円分ですから、自宅を相続する人は差額の300万円をほかの2人に渡さなければいけません。こうした遺産分割の手法を代償分割といい、支払う300万円は自宅を取得する人自身の資金から出すことができます。

自宅を相続する側の立場で言えば、代償分割の資金を計画的に準備しておく必要があるかもしれません。逆に自己資金が出せるなら、遺産分割協議で自分の望む資産を自分1人で相続できる可能性が高まります。

不動産をめぐる遺産分割をお金で解決する考え方には、代償分割のほかに不動産を売ってお金を分ける換価分割があります。しかし、不動産の買い手がつかないか、自宅などどうしても売れない場合は、代償分割かいったん共有して問題を先送りすることを検討せざるを得ません。

実際この例のように、大きな財産が自宅を中心に一つあって、それが上手く割れない、売ることもできないというトラブルが多いのです。こうしたことからも、財産全般、ときには相続人になる人の財産までを見た相談が望ましいと考えます。

Q　こんな苦労を子どもたちにさせたくありません。そのために必要なことは？

A　財産の一覧をまとめ、遺言を作成しておきましょう。

あなたが亡くなった後に、お子さんたちがまず何に苦労するかというと、財産を探せないことです。どこに預金があるのか、どこに不動産があるのかわからない。そうした調査を一からやらせるよりは、市販の「エンディングノート」でもいいので、書式に沿って情報を書き入れておく。こうすることで、自分の財産や負債をまとめて書き残しておくことができるので相続後の対応が楽です。ただこれは、遺言書としての要件を満たさないものがほとんどなので、法律的に効力がある遺言ではないと考えてください。記録が残っていれば調べる手間が減るので、「ないよりはまし」ということです。

また、遺言を作成するキットも売られていますので、それに沿って遺言を残すことも良いでしょう。できれば、その両方の実行が望ましいです。

財産の一覧を見えるようにまとめておくこと。可能ならば、誰に何を相続させるかを法的に有効な遺言として残すこと。その二つをお勧めしたいです。特に、相続人の中に認知症を患っている方がいたり、連絡がつかない方がいるような場合、つまり遺産分割協議が確実に揉めるとわかっている場合には、ほぼ必須だとお考えください。

ご自身が亡くなることを考えるのは辛いものですし、目をそらしたくなる心情もよくわかります。「遺言を書こう」と実行できる人はそう多くはありません。ただ、遺言がなければ確実に揉めてしまう、書いておけば問題なく進んでいく将来をどう考えるかだと思います。

ご参考までに、自分で書く遺言書の書式例と注意事項を95～98頁に掲載しました。

ここをチェック！

顧客不在の士業間連携

私たち司法書士も含め、「〇〇士」という資格者がいます。いわゆる「士業」と呼ばれる方々です。一般の方がご自身では対処できない法律関係の困り事があった時に、相談したり依頼したりするのですが、その困り事の中に「〇〇士」の職分を越える内容があれば、その部分を他の士業に回すことがよくあります。この時のトラブルのお話です。

Aさんが、相続税の申告を税理士Bさんに依頼しました。その相談の最中に、Aさんは相続した土地を合筆してから売却しようと思いつきました。合筆の登記を取り扱わない税理士Bさんは、そのまま土地家屋調査士Cさんに見積もりを依頼しました。土地家屋調査士Cさんとしては、信頼する税理士Bさんからきた話なので、その通りに見積書を出しました。Cさんは親切な人で、合筆後に土地を売却する登記の見積もりも司法書士Dさんに頼みました。土地家屋調査士と司法書士の見積書を見たAさんから、当事務所に相談がありました。この金額は妥当ですか、こんな費用がかかるんですか、と。

結論から言えば、合筆の費用どころかそもそも合筆する意味がなく、そのまま売ってしまえばいいという土地でした。Aさんの意向をBさんやCさんが十分に聞く機会があれば、こういうことにはならなかったかもしれません。連携している士業同士が信頼し合った結果、顧客の意向が伝わらないまま別の士業へ仕事が出されることがあります。各士業を連携させたワンストップサービスの便利さをアピールして、顧客を囲い込むこともあります。

依頼する側の心構えとしては、丸投げしないできちんと依頼の意向を伝え、希望しない仕事が発注されることを防ぐ、ということになるでしょう。ある士業でできない依頼を他の士業に担当してもらうことは相続手続きでは一般的ですが、その都度見積もりを取ったり、他の事務所に相談をしてもかまわないのです。

相続登記 編

相続を機に、山林の名義を息子さんなど（相続人）に移転する手続きを「相続登記」と言います。登記の申請手続きに当たっては、添付書類を整えるまでの工程がポイントとなります。

遺言が作成してあるか遺産分割協議が成立した相続登記の大部分は、ご自分で申請することもできるはずです。

山林の相続登記～父から子への名義変更

山林の相続登記の基本手順

Q　相続を機に、父名義の山林を息子である自分名義に変更したいのですが、どのような手続きが必要ですか？

A　戸籍や山林（不動産）に関する書類を集め、相続人の間で遺産分割協議を行い、法務局へ登記申請します。これを相続登記と言います。

ここでは大まかな流れをご紹介します。わかりやすく考えるため、簡単なモデルケースにしてみましょう。お父さん（被相続人）が亡くなり、遺言書はない。お母さん（被相続人の妻）、あなた（長男）、弟さん（次男）の3人が相続人で、あなたがお父さん名義の山林を相続する、という場合です（次頁図参照）。

山の名義変更の流れ（遺言がない場合）
亡くなったお父さんから、あなたへ

1 まず戸籍や不動産に関する書類を収集します。山林の所有者が亡くなったお父さんに間違いない、と証明するための書類になります。ここで家族以外の相続人の有無も分かります

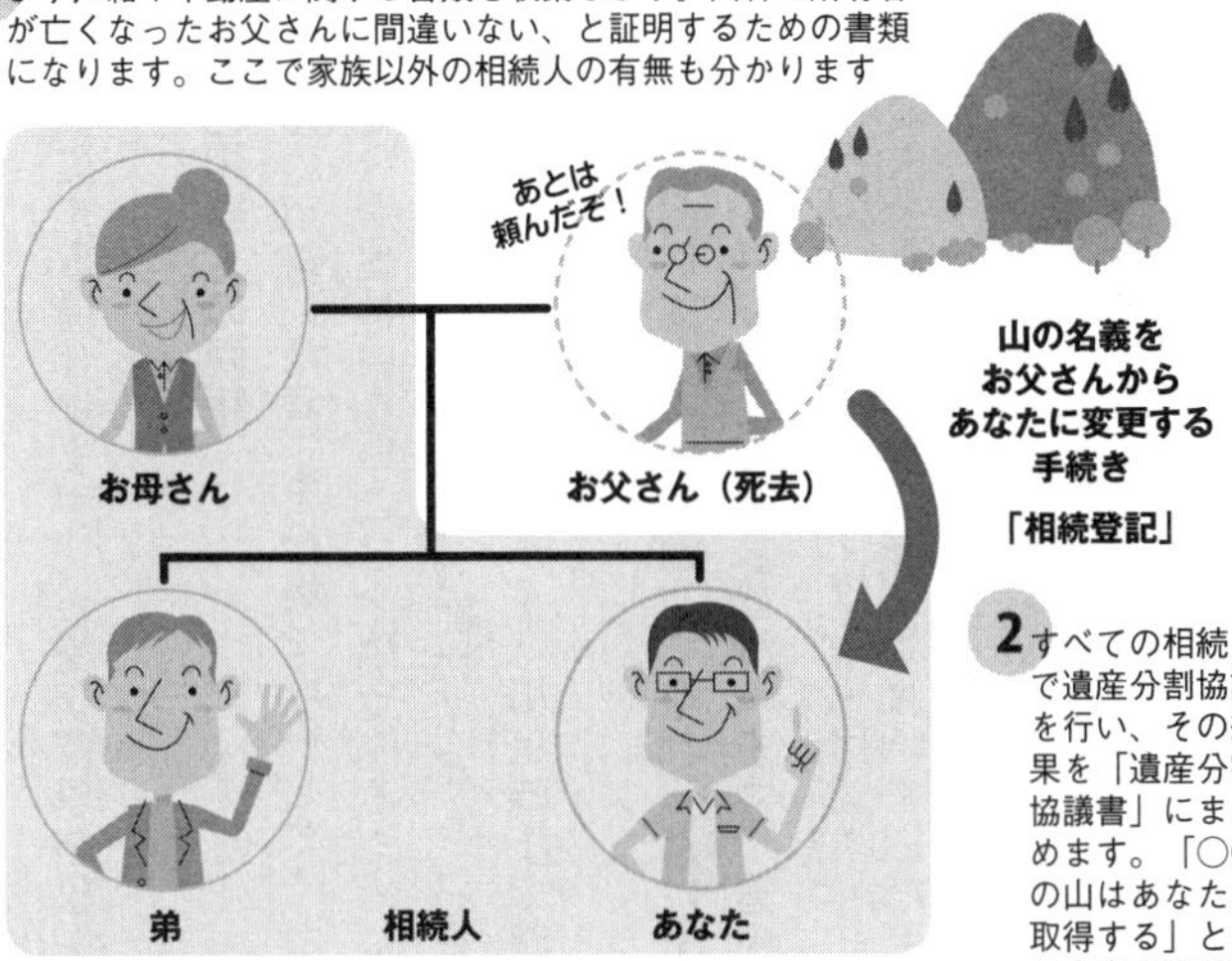

2 すべての相続人で遺産分割協議を行い、その結果を「遺産分割協議書」にまとめます。「○○の山はあなたが取得する」という内容を記載し、相続人すべてが同意した証とします（記載例は50頁に）

3 戸籍に関する書類、遺産分割協議書などの必要書類とともに、法務局で登記申請を行います（申請書の記載例は51頁に）。不備がなければ「お父さんからあなたへ」の名義変更（所有権移転）は完了です

山の名義を変更する場合はまず、必要な書類を収集することから始めます。

①お父さんと相続人の戸籍

まずお父さんの戸籍（除籍）を役場で取得してください。謄本や全部事項証明書と呼ばれるものです。相続人が他にいないことを確定するために、出生時まで遡って取得します。例えば、お父さんに離婚歴があり、前妻との間に子ども（相続人の1人になる）がいても、再婚後の戸籍ではそれがわかりません。ですから、出生時まで遡る戸籍を取得して、他の相続人がいる・いないを確定します。

役場に「相続登記に使うので、遡って取れるだけ全部交付してください」と言えば、何通にも分けて請求しなくても一度の請求で済みます。途中で本籍地が変わっている時は、以前の本籍地の役場へ同じように請求・取得してください。

同時に、相続人全員の戸籍も取得しておいてください。

②山林の登記情報

登記上の所有者がお父さんになっているか、他の共有者がいないか、死亡時の住所と合致しているか、などをチェックします。法務局で取得できる「登記事項証明書」でもいいのですが、ここでは登記簿の情報を調べることが目的なので、「登記情報提供サービス」（次頁参照）の利用をお勧めしています。インターネットで取得でき、1通（1筆）335円なので、登記事項証明書よりも簡単・安価に取得できます。

③山林の固定資産税評価証明書

固定資産税評価証明書は、登録免許税（登記に課せられる税金）を算定する際に必要となります。不動産所在地の市町村役場で交付してもらえます。

亡くなったお父さんに関する証明書なので、お父さんとあなた（相続人）の関係を示す戸籍を提示すれば取得できます。どこにどんな不動産があるかわからない場合はまず、過去の本籍地や住所だった市町村すべてに名寄帳（その市町村内に所有する不動産の一覧）の交付を請求するといいでしょう。不動産の価格が記載されている名寄帳は、多くの場合、評価証明書の代わりに使えます。

なお、固定資産税が非課税の土地（保安林のほか、ため池・私道など）については評価証明書が発行されません。しかし登記のときには登録免許税（47頁参照）を納める必要があり、以下

「登記情報提供サービス」 www1.touki.or.jp

法務局（登記所）が保有する登記情報をインターネットを使用してパソコン等の画面で確認できる有料サービスです。「全部事項」の取得には335円/筆が必要で、PDFで提供されます。

提供を受けられる情報のうち不動産や相続に関するものは、

・不動産登記情報（全部事項）
・地図情報（地図又は地図に準ずる図面）
・図面情報（土地所在図/地積測量図、地役権図面及び建物図面/各階平面図）
・商業・法人登記情報

利用に当たって必要なものは、①インターネットに繋がったパソコン、②クレジットカード（決済用）です。まずはトップページ右側の「初めての方へ」から、サービスの概要や操作法をご覧ください。

登記申請の準備では、不動産登記情報の「全部事項」を使います。登記の相談で役立つこともあるので、共同担保目録は、過去のものも含めて必ず請求しておいてください。

登記の費用（登録免許税）

山林の名義変更（登記）を行う際に課せられる税金があります。「登録免許税」です。

登録免許税は、【山林の評価額】×【税率】で算定されます。

例えば1筆500万円の山林を相続した場合は、500万円×1000分の4＝2万円です。

税率は名義変更の種類によって異なり、土地については、相続の場合は4/1000、売買は15/1000、贈与は20/1000と定められています。※売買時の税率は平成31年3月31日までの軽減措置（平成30年1月現在）。

「亡くなられた方」への相続登記の登録免許税、免除へ

相続登記の登録免許税が免税になる措置が、平成30年4月1日から平成33年3月31日までの期間限定で導入される予定です。平成29年12月、与党の平成30年度税制改正大綱で公表されました。免税になる相続登記の要件は、
・山林、宅地・田畑など土地の相続登記であること
・相続で土地を取得し、所有権移転の登記をしないまま既に亡くなっていること

祖父→父→息子と相続が発生し、土地が祖父名義のまま父がすでに死亡している場合などです。
・亡くなっていた人の相続人が、亡くなった人を登記上の所有者にするために申請する所有権移転登記であること

息子が申請する、祖父→父への相続登記が代表的です。

この3点の条件をすべて満たす相続登記の登録免許税率は従来0.4%でしたが、法改正を経て免税になる予定です（平成30年1月現在）。

祖父や曾祖父が登記上の所有者の土地を相続登記する際には、原則として相続が発生するごと（1代ごと）に相続登記を行い、登録免許税を払う必要がありました。これが、「亡くなった人」へ登記をしていくだけなら実費無料、となるわけです。最終的に行う、いま生きている人を所有者とする相続登記には従来通り登録免許税がかかります。

のいずれかで評価額が決まります。

a／管轄法務局に行って、申請する土地の代わりに基準となる土地（近傍山林）を指定してもらう。その近傍山林について、市役所で評価証明書を取る。

b／物件所在地の市町村役場で近傍山林を指定してもらい、直ちに評価証明書を取る。

各地で扱いが異なりますので、まずは市町村役場の税務課に確認すると良いでしょう。詳細は電話でも教えてもらえます。

④遺産分割協議書（50頁に書式例）

相続人すべて（ここでは、お母さん、あなた、弟さんの3人）で協議した内容をまとめ、「○○の山林は○○が取得する」などと書面に記して、全員が実印を押したものです。山林に関する記載は、登記情報に記載されている通りに記載します（地番・面積など）。

⑤印鑑証明書

遺産分割協議書に記載された全員分の印鑑証明書が必要です。

⑥お父さんとあなたの住民票

本籍が記載された住民票の除票（死亡によって取り除かれた住民票）です。亡くなったお父さんが、登記簿上の所有者に間違いないですよ、と結びつけるために必要になります。死亡時の住所と登記簿上の住所が異なる場合は、登記簿に記載されている住所から最後の住所に至るまで、すべてのつながりがわかるだけの住民票（除票）や、戸籍の除附票などが必要になります。ただし、転出、転籍・除籍から5年経つと、除票や附票を取ることが不可能になります。その場合でも、煩雑な方法になりますが、名義変更（相続登記）は可能です。

また、不動産を取得する人（あなた）の住民票も必要となります。

ここまで整えば、次はいよいよ登記です。登記申請書（51頁に書式例）や登記原因証明情報（※　119頁に書式例）などを用意し、法務局へ申請、不備がなければ登記完了です。

※登記原因証明情報／相続登記では、相続があったことや相続人が誰であるかなどを証明する書面。決まった書面はなく、戸籍謄本や遺産分割協議書（遺言書）なども該当する。

遺産分割協議書の書式例　※記事紹介は48頁

遺産分割協議書

被相続人鈴木太郎（本籍　○○県○○市○○123番地）は平成29年○月○日死亡したので、その相続人鈴木花子、鈴木一郎、鈴木二郎は、被相続人の遺産につき、次の通りに分割することを協議した。

1．鈴木一郎は、次の遺産を取得する。
　下記の土地
　　所在　　　○○市○○
　　地番　　　○○番1
　　地目　　　宅地
　　地積　　　○○○㎡

　　所在　　　○○市○○
　　地番　　　○○番2
　　地目　　　山林
　　地積　　　○○○○㎡
　　山林に関する記載

2．鈴木花子は、次の遺産を取得する。
　下記の建物
　　所在　　　○○市○○
　　家屋番号　○○番の1
　　種類　　　居宅
　　構造　　　木造瓦葺平屋建
　　床面積　　○○㎡

以上の通り分割協議が成立したので、この証書を作成して各自署名捺印し、鈴木一郎が保管する。

平成29年○月○日

相続人　○○市○○　○○番の1
鈴木　花子　（実印）

相続人　○○県○○市○○　○番の1
鈴木　一郎　（実印）

相続人　○○県○○市○○　○○番の1
鈴木　二郎　（実印）

―注意事項―

誰がどの遺産を相続するかを明記します。
すべての相続人の押印が必要です。

登記申請書の書式例　※記事紹介は 42～52 頁

登記申請書

登記の目的　所有権移転

原因　平成２９年○月○日相続

申請人　（被相続人　鈴木太郎）
○○県○○市○○　○番の１　鈴木一郎
電話番号　○○○○－○○－○○○○

添付情報　登記原因証明情報（原本還付）　住所証明書（原本還付）

平成２９年○月○日申請　○○法務局○○出張所

課税価格　金５００万円
登録免許税　金２万円

送付の方法により登記識別情報通知書の交付を希望します。
送付先の区分　申請人の住所

不動産の表示

不動産番号　○○○○○○○○○○○○○
所在　○○市○○
地番　○○番１
地目　宅地
地積　○○○㎡

不動産番号　○○○○○○○○○○○○○
所在　○○市○○
地番　○○番２
地目　山林
地積　○○○○㎡

山林に関する記載

—注意事項—

申請人が相続人本人で、郵送で提出・受取を行う想定の記載例です。返信用の封筒が必要で、提出時の書類重量を量っておき、「書留＋本人限定受取郵便扱い」分の切手を貼ります。念のため、「料金不足時受取人払い」と返信用封筒に付記します。

登記識別情報通知書が届けば、登記完了です！

また、森林法に基づき、所有者となった日（相続発生時）から90日以内に、「森林の土地の所有者届出書」を市町村役場に提出する必要があります。

どうする？　山と相続人の探索方法

Q　基本の流れはわかりましたが、途中で難航することも予想されます。実際の場合、どんな進め方になりますか？

A　大まかな手順としては、次のようなフロー図に沿って進めることになります。

どのような場面で難航するかによって、対応も異なってきます。いくつもの段階を経ることになりますので、まずは次のフロー図で大まかな手順をイメージしておくとよいでしょう。

ここでは、ご自分で手続きを進めることを想定して、順を追って説明していきます。

相続開始から登記に至るフロー

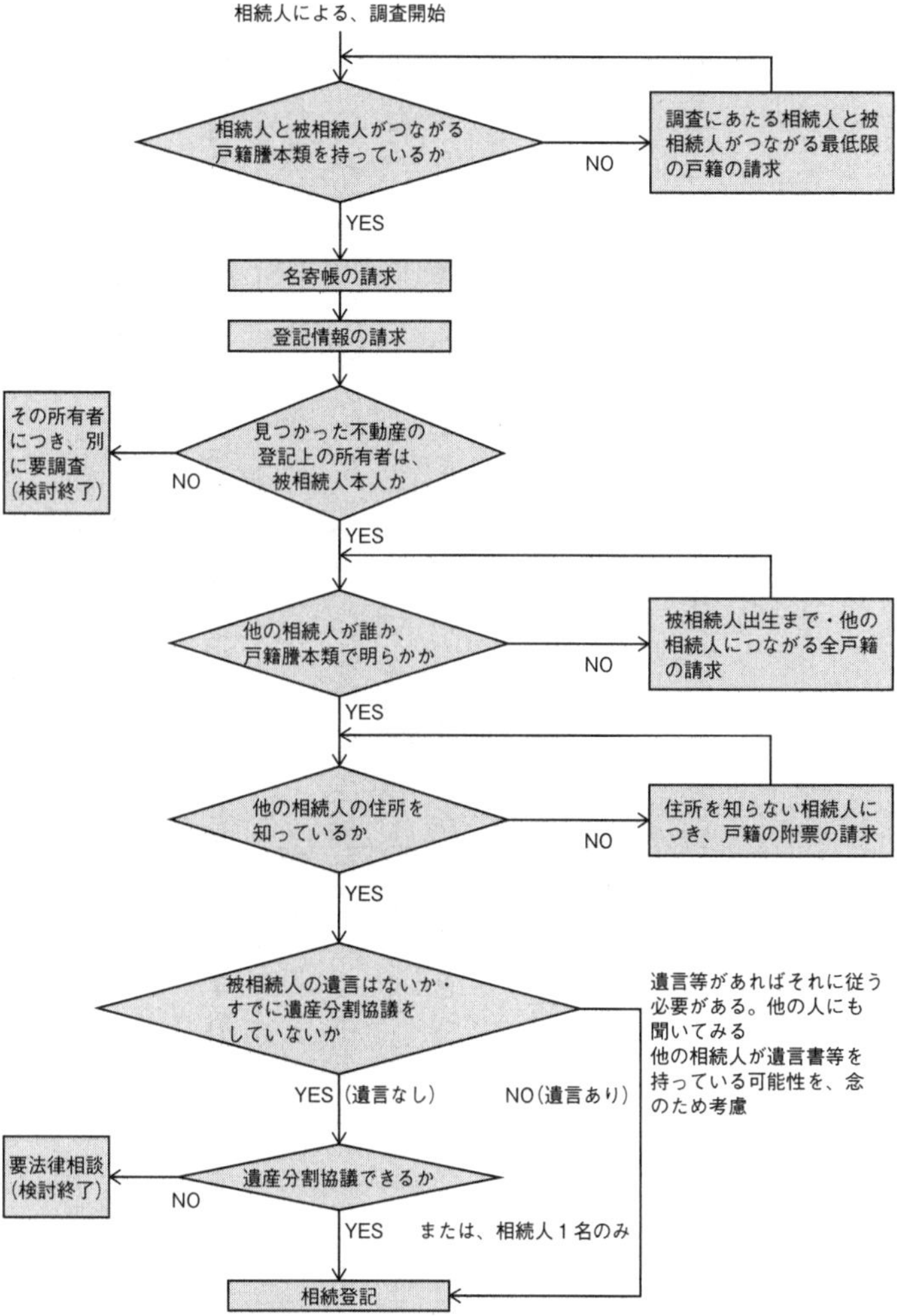

Q 戸籍は誰でも請求できるのでしょうか？

A 自分自身が遺産分割協議の当事者（法定相続人）だと明らかにすれば、できます。

戸籍は自分の直系の親族（曾祖父、孫など親子の関係でつながる人）のものなら制限なく取得できます。遺産分割協議をするため、あるいは遺産分割協議に先立って法定相続人を確定するためであれば、傍系の、つまり家系のどこかで兄弟の関係でつながっている親族の戸籍でも取得可能です。ただ、探している人とあなたとの関係を明らかにしないといけないので、これまでに取った戸籍謄本類を必要なだけ見せて申請しなければなりません。ごくまれに、「取れない」と相談されることがあるので、役所によって対応が異なるようです。戸籍法で定められた正当な事由がある請求ですので、遺産分割協議を経て相続登記の申請で提出すると説明してみてください。

ご参考までに、私が郵送で戸籍を集めるときに使う送付書を次頁に掲載します。

著者が業務で使う請求書式例（戸籍の郵送請求）

相続人確定のための戸籍請求について

平成○年○月○日

××町役場
戸籍事務担当者　様

亡甲野太郎相続人
甲野一郎
電話・ファクス：○○○－○○○－○○○○

このたび、下記の被相続人について相続人の確定のため、御庁に戸籍に関する証明書の交付申請書をお送りします。

ご面倒とは存じますが、申請書に記載した後記の戸籍に記載されている　甲野太郎　について、その出生から始まり除籍されるまでの記録で、御庁で発行可能な戸籍・除籍・原戸籍謄本等を各1通ずつ発行してくださいますようお願いします。

なお、該当する戸籍記録を廃棄済みの場合は、その証明書を交付してください。

被相続人の表示

氏名	甲野 太郎　（昭和16年2月13日生）
筆頭者	甲野 元蔵
本籍	××村 元山字前ノ谷101番地

以上

ー注意事項ー

・この文書は、請求者である甲野一郎（相続人）が、他の相続人の探索・確定を目的として、「祖父・甲野元蔵を筆頭者とする戸籍に記載されていた父・甲野太郎（被相続人）」の戸籍を出生時まで遡って一度にまとめて交付してもらうための例です。
・各市町村所定の戸籍謄本類の発行申請書と併用するものです。この紙だけでは申請できません。
・法的な根拠がある書類ではなく、単なる送付状の一種です。捺印も不要です。
・**こうした文書を加えることで、指定した者の戸籍の記録で同じ市町村で発行できるものを一度にまとめて交付してもらえます。同じ市町村内での転籍・家督相続・戸籍の改製等があっても、それに対応する戸籍の記録が一度に取れるため、もし元蔵の父（一郎の曾祖父）が戸主で太郎が孫として記載されている旧民法下の除籍謄本や戸籍記録廃棄時の証明書が必要になってもこの送付状で取得できます。**
・この文書と、併用する発行申請書には、戸籍を探索したい者につながる戸籍の記録ですでに把握している本籍地・筆頭者を書きます。合併前の旧市町村の住所はそのまま記載して構いません。

a. 被相続人の戸籍を遡る場合、結婚や転籍で作られる新しい戸籍の記録には「その戸籍を作る前の本籍地と筆頭者」が記載されているので、それを記載します。
b. 被相続人の他の子など、古い戸籍から新しい戸籍へと収集していく場合も、その子が「結婚等で除籍後に、新たに作られる戸籍の本籍地と筆頭者」が記載されているため、こちらを記載すれば戸籍を下ってくる請求もできます。

・上記の通り、どんな戸籍記録が出てくるか不明なので、市町村所定の申請書には、『現在事項全部証明書』『改製原戸籍謄本』『除籍謄本』すべてにチェックして『各1通』としておきます。

●この文書が必要になる状況の例：

1. 相続人である甲野一郎（申請者）が結婚している場合、まず自分の戸籍謄本を取得します。
2. 1では、従前戸籍として、父・甲野太郎が筆頭者で、その本籍地も記載されています。
3. 父・甲野太郎の直近の戸籍の筆頭者と本籍地がわかったので、次に、甲野太郎の戸籍謄本①（妻・花子や他の未婚の子供が生きている場合）、あるいは除籍謄本②（妻・花子も死亡しており子供たちが全員結婚または死亡している場合）を取るのが一般的です。

　※甲野一郎が未婚の場合、上記1・2を省略して①が取れます。

4. 戸籍謄本①または除籍謄本②は通常、甲野太郎と花子が結婚したときに編製されたもので、甲野太郎の欄に

　「昭和●年●月●日乙井花子と婚姻届出昭和●年●月△日受付××村元山字前ノ谷101番地甲野元蔵戸籍から入籍」

　のような記載があります。

　この時、××村（現在は合併により××町）は遠隔地なので郵送で請求したいと考え、××町役場宛にこの文書を出す想定です。このような戸籍収集は、多くの相続事例で経由するよくある工程です。

Q　父は、家族が知らない山も持っていたようです。存在が不明な山林を探索するには、どうすれば良いでしょうか？

A　市町村役場で「名寄帳」を取り寄せましょう。

名寄帳を取り寄せるのは、山林に限らずすべての相続不動産探索の基本方針です。名寄帳とは、ある市町村内に、ある人が所有している不動産の一覧表です。「人」に紐付けられている不動産の情報といえます。あなたのお父さん（納税義務者）が所有している不動産について、役場の固定資産税担当課に発行を申請すると出てくる書類です。

当然、その市町村内の不動産しか出てきませんから、隣町にも不動産があるらしい、となれば、そちらの町役場にも発行を申請しなければなりません。

名寄帳には、課税される不動産は全部出てきます。納税義務者ごとの不動産データを役場が持っていて、「ここは保安林だから非課税」「公衆用道路だから非課税」などと各々を操作している、その大元のデータを取り寄せる、と考えればいいでしょう。市町村によっては非課税の財産を名寄帳に記載しなかったり、名寄帳を発行しないことがあります。代わりにどのような書類が取れるか、記載されない可能性がある土地はないかは市町村ごとに確認してください。

気を付けなければならないこととして、ここでは「お父さんが所有」となっていますが、「お父さんのお父さんが所有」、つまりお父さんが相続人としての権利を持っている相続登記未了の不動産が存在していることが実際にあります。ですから、名寄帳を取り寄せるなら、その前の代まで遡って請求したほうが良いと思います。

なぜこれができるかというと、他の市町村に住所がある人の死亡は把握できないので、お祖父さんが亡くなって相続登記などの手続きをせずにいた場合は、ずっと記録だけが残っているからです。権利を相続した人は、法定相続人であることを明らかにする書類、つまり戸籍謄本類を添えて申請すれば、先代、先々代の名寄帳を請求することができます。

ご参考までに、私が業務で使う請求書式を61頁に掲載します。

まとめると、その「人」が持っている不動産は、名寄帳で大部分が判明します。入会林など他人と不動産を共有していたり納税義務者ではない不動産だけが、この方法でも見つからない可能性を残しています。亡くなられた方の法定相続人は名寄帳を請求できるので、探索に向けた初動として、あなたとの関係を示す戸籍謄本類を揃えておく必要があるのです。ここで集めた戸籍謄本類は、相続登記のときにも使います。無駄にはなりません。

名寄帳の書式例

課税台帳登録事項証明書（名寄帳）

平成２９年度

納税義務者	住所　〇〇市新町一丁目２番地 氏名　甲野　太郎		納税管理人	住所 氏名		
土地 家屋	物件の所在地 建築年 家屋番号	台帳地目・現況地目または家屋種類 家屋構造	台帳地積または床面積 現況地積または床面積	評価額 （円）	固定資産税課税標準額 固定資産税相当額（円）	備考
土地	新町一丁目２番	宅地　宅地（住宅用地）	240.41 240.41	8,716,215	1,972,446 27,614	
土地	元山字前ノ谷　３４５番	山林　山林	1169.00 1169.00	35,070	35,070 490	
家屋	新町一丁目２番地 昭和５６年 ２番	居宅 木造瓦葺平家建	150.04 150.04	2,757,577	2,727,577 38,186	
家屋	元山字前ノ谷　３４５番地 昭和２７年	物置・作業場 木造亜鉛メッキ鋼板葺平家建	13.20	2,400	2,400 33	
	＊以下　余白＊					

合計					
合計	土地	2筆		8,751,285	2,007,516 28,104
合計	家屋	2棟		2,759,977	2,729,977 38,219

上記のとおり証明します。

平成２９年１２月　１日

'〇〇市長　　雛形　献一　　｜公印｜

―注意事項―

書式は各市町村で異なります。上記は愛知県内の市の例。

共通の記載事項であり、相続財産の調査に際して読み取るのは次の項目。

土地は『所在』と『地番』、建物は『所在』と『家屋番号』がわかれば登記事項証明書やネット経由での登記情報を取得できます。

・所在	『字』『大字』が省略されていることがあります。上記の２つめの土地で『元山　前ノ谷』になっている、など。
・地番	土地の場合、必ず記載されます。『番』の表記はしばしば省略されます。本番と枝番を罫線で分けている書面もあります。
・家屋番号	登記された家屋のみ、記載があります。この記載がない場合、家屋は未登記と考えます。
・所在が同じ建物	母屋と物置などでよく見かけます。一部の建物だけが未登記のことがあるので、登記事項証明書と照らし合わせて確認します。
・地積（面積）	『現況面積』と『台帳面積（または登記面積）』が併記されます。現況とはいうものの、山林では不正確な場合が多いです。
・床面積	上記に同じ。ただし、建物の現況は比較的正確です。
・地目	現況地目と台帳（または登記）地目が記載されます。双方いずれかが田・畑など農地の場合、地目変更や相続以外での譲渡時に農業委員会への届出・許可を要します。
・種類、構造、建築年	建物でのみ記載します。未登記の建物について遺言・遺産分割・譲渡等の契約書作成時には、家屋番号がない関係で所在とこの各要素を正確に記載して特定する必要があります。
・評価額（価格）	所有権移転登記時に、登録免許税の計算に用います。この記載がない＝評価がないか非課税の土地については、別に近傍地の指定を受けて登録免許税を計算します。

チェックリスト

□年度末に請求しようとしていませんか（３月に取った名寄帳・評価証明書は、翌年度＝４月以降の不動産登記申請に使えません）。

□今回請求した納税義務者の分だけでいいですか。被相続人のさらに親、などが不動産を所有していませんか。

□納税義務者と他の人が共有している不動産については、当該市町村では別に名寄帳を発行していませんか。

□共有持分について別に名寄帳が発行されるならば、それも取得しましたか。

著者が業務で使う請求書式例（名寄帳の請求）

相続人による名寄帳の請求に関するご連絡

平成○年○月○日

○○市役所　税務課　御中

亡甲野元蔵相続人
亡甲野太郎相続人
甲野一郎
電話：０９０－××××－××××

このたび、上記の被相続人が○○市内に有しておりました不動産の名寄帳の写しを請求いたしたく、本書にて申請の趣旨を説明します。

１．被相続人甲野元蔵は昭和５１年1月１５日、死亡しました。
　最後の住所は旧○○郡××村字新町１丁目２番地で、○○市内には少なくとも次の不動産を所有しておりました。
　・××村字元山字前ノ谷　３４５番　　の土地
　・同所　　　　　　　　３４５番地　の未登記建物
２．甲野元蔵の相続人である甲野太郎は平成２８年１１月１１日、死亡しました。
３．甲野元蔵および甲野太郎の死亡に関して、遺産分割協議は未了です。
　甲野一郎は甲野太郎の子で、各被相続人の相続人となりました。
４．上記のほかの不動産の所有状況は不明で、申請人は相続登記の準備のため被相続人の相続財産の調査を始めました。

以上の経緯にもとづいて、御庁には甲野元蔵（または、その相続人である甲野太郎）の不動産の名寄せをお願いしたく、相続証明書類の写しを添えて固定資産税課税台帳または名寄帳の写しの交付を申請します。

なお、被相続人が共有持分を有する不動産の名寄帳が別に発行される場合は併せて交付をお願いします。

―注意事項―

・各市町村所定の名寄帳の発行申請書と併用するものです。この文書だけでは申請できません。
・法的な根拠がある文書ではなく、単なる送付状の一種です。捺印も不要です。
・ただし、このような文書で使用目的を伝えることで、役場担当者から
「住所が役所のデータと違っているが生年月日が同じ納税義務者」

「納税義務者のさらに親の所有物件」

などについて該当しそうな不動産の存在を連絡してもらえることがあります。
・名寄帳と呼ぶのが一般的ですが、中身が同じで他の呼称の証明書を発行する市町村も多いです。名寄帳のほか課税台帳登録（または、登載）事項証明書と呼ぶ市町村もあります。
・**共有不動産で被相続人が納税義務者でないものについて、名寄帳に記載されない・発行できない扱いの市町村があります。**
この場合、人をキーとして共有不動産を探索することが不可能になります。

家族内等で共有している（家族内で、ほかに納税義務者がいる）可能性があるだけなら、納税義務者として想定できる配偶者・子などを軒並み列挙してそれぞれの名寄帳を取り寄せますが、他人と共有している山林などはこの方法では探索できません。
・**内容が不明な場合は役場から電話がかかってきます。そこでアドバイスを得られることもあります。**

文書例内の１．について
・合併前の旧町村の住所でデータを把握している場合、そのまま書きます。申請書も同じ。
・請求をかける市町村内に所有する不動産を曖昧にしか知らない場合は
「××村字元山字前ノ谷付近に山林を有していたようですが、正確な地番を知りません」

等としておきます。場合によっては、役場担当者からアドバイスをもらえることもあります。
・他の市町村に所有する不動産は関係ないので記載しません。

文書例内の最後の１文について
・納税義務者が単独で所有している不動産と共有の不動産とで、名寄帳を別に発行する市町村が多いです。双方とも必要である旨を必ず記載しましょう。手数料は２件分を要します。

Q　全国あちこちに山を持っていた可能性があります。その探索方法は？

A　お父さんと関係があった市町村役場に、片っ端から名寄帳を請求します。

例えば、こういうことです。幼い頃は札幌に住んでいて、成年になったら岩手に転居して、最後は名古屋で亡くなったという方の不動産を調査してほしいという依頼がありました。こういう場合、その人の来歴に沿って、関係するすべての市町村役場に名寄帳を請求していきます。住所の移り変わりがわかればその住所に、わからなくても過去の本籍地には住所があったかもしれないと考えてどんどん請求をかけます。

驚かれるかもしれませんが、手元に記録が残っていなければ、こうしないと見つからないのです。でも、すべて郵送でできる手続きなので、1箇所に請求しても郵便料込みで1000円程度のものです。

所有不動産がない場合は、「該当なし」という返事が来ます。郵送料以外の費用はかかりません。ですから、「それなら片っ端からやったほうがいいだろう」という判断になります。

Q　名寄帳で父の所有する山林が判明しました。次にやることは？

A　その山林の登記を確認しましょう。

不動産について「人」をキーに探索するデータが名寄帳だとすれば、「場所」をキーに探索するデータが「不動産登記」です。

不動産の登記をするには、申請したい不動産の「場所」、正確には所在と地番（建物の場合、家屋番号）がわからなければなりません。ですから、まず名寄帳を取り、そこに書かれている「所在・地番」を参照して、現在の登記の状況を確認します。

チェックすることは、登記上の所有者がお父さんになっているか、死亡時の住所と合致しているか、他の共有者がいないか、などです。登記の状況を確認するために法務局で取得できる「登記事項証明書」を取ってもいいのですが、ここでは誰かへの証明ではなく登記の情報を調べることが目的なので、インターネットでの取得をお勧めします。「登記情報提供サービス」というウェブサイトから取得でき、1通（1筆）335円なので、登記事項証明書と同じ内容のデータが、簡単・安価に取得できます（46頁参照）。

Q　実際の場所や境界が不明な山であっても、相続登記（名義変更）できますか？

A　できます。

現在の登記の状態が把握できる山林なら、現地の状況が不明でも名義変更（所有権移転の登記）はできます。相続なら現状不明でも手続きせざるを得ませんが、他人への譲渡となると、測量実施、（山林の状況に応じた）適切な特約などの対処が必要になってくるでしょう。

Q　父が生前、山林の固定資産税を払っていましたが、その山林は父名義ではないようです。このようなことはありますか？

A　ありえます。よくあることです。

よくあるケースですが、山林の登記簿上の名義があなたのお祖父さん（父の父）のままで、お祖父さんの死後にお父さんが固定資産税の納税義務者となって、納税している例があります。この場合、登記簿上の権利者は（亡くなっている現在も）お祖父さんのままです。

Q 祖父（父の父）名義の山林もあるのですが、名義を変える際のポイントは？ 法定相続人は、多数にのぼります。

A まず、お祖父さんの出生時まで遡って戸籍（除籍）を取り、すべての法定相続人を明らかにしてください。法定相続人についてもここで説明します。

まず、お祖父さんの山林を相続する権利を持つ人（法定相続人）を、すべて明らかにする必要があります。

現在の戸籍制度の基本に、一つの戸籍に親と子が記載される、という点があります。いずれ子が結婚すると新たな戸籍が作られ、元の戸籍からは除かれますし、死亡した場合も戸籍から除かれます。これを除籍と言います。つまり、親と子が記載されていた戸籍は、子が独立して籍を抜け、親自身も亡くなると籍を抜けるので、最終的には全員が除籍されてしまいます。

このように、結婚や死亡で抜けてしまって誰もいなくなった戸籍、あるいは全員で転籍した（本籍地を別の市町村に移した）ためにこれまでの本籍地からは誰もいなくなった、そんな過去の戸籍の謄本を除籍謄本と思っていただければいいでしょう。

現世代の戸籍から、一つ一つ遡っていくと、過去の戸籍も請求できます。除籍謄本の請求に必要な情報は、過去の本籍地と筆頭者（夫婦の戸籍では、男性が多い）。この情報がわかれば、戸籍を次々と溯って取っていくことができます。

この質問に沿って言えば、まずお父さんの現在の戸籍を取ると、お父さんの結婚前の本籍地・筆頭者（大抵はお祖父さん）が記載されています。次にお祖父さんが筆頭者で、お父さんが子として収容されている除籍謄本を取り、さらに、お祖父さんの出生時まで溯る除籍謄本を取ります。ここから、お父さん以外に存在する法定相続人を明らかにします。

例えば、お父さんの兄弟はお祖父さんの子ですので法定相続人になります。お父さんの兄弟たちがお祖父さんの戸籍から除かれた記録（結婚して新しく戸籍を作った先）を見れば、今度は遡った家系の隣にある傍系の子孫を下って探すことができます。

既にお父さんの兄弟が亡くなっている場合は、その子どもたち（あなたのいとこ）が相続人になっています。お祖父さん↓お父さんの兄弟の順で死亡した場合は順当に子供たちが相続します。お父さんの兄弟がお祖父さんより先に亡くなられることもあるでしょう。お祖父さんの死亡の時点でお父さんの兄弟に子供がいれば、その人たちがお祖父さんの相続人になります。これを代襲相続と言います。もちろん、相続人なくして死亡する人もいますが、戸籍によってそれを明らかにしなければなりません。

どんな人が法定相続人になるかを簡単に説明します。

ある人が亡くなられた日の時点で判定します。そのときに生きている関係者で

1 子。子が先に死亡していて、孫がいる場合は孫（ひ孫も同じ）

2 子や孫・ひ孫がいない場合は、親（親が死亡していれば、祖父母）

3 子孫や親などもいない場合は、兄弟姉妹

この順位の人が法定相続人になります。例えば子や孫がいれば、次の順位の人たち（親や兄弟）は相続人になりません。

亡くなった方の配偶者は右記いずれのときも法定相続人になり、相続分の割合が1→3の順に大きくなります。先に死亡していたり離婚している場合は相続人になりません。

法定相続人のなかに相続放棄した人がいる場合、その人は相続人になりません。相続の手続きでは、相続放棄した人は「最初からいなかった」と考えます。

まとめると、溯れるところまで遡ってから、他のすべての相続人の戸籍を現世代まで下って取っていくという探索であり、お祖父さんの法定相続人を確定するために必須の作業です。

気をつけておきたいこととして、相続の制度は昭和22年5月2日まで長男が総取りする家督相続が基本でした。現在でも、この日までに亡くなった人の法定相続人の判定は、古い民法の規定で行います。翌日以降の相続では制度が大きく変わり、先に述べた順位で法定相続人を決めることになったのです。

死亡の日の時点で亡くなった方に子・孫や親がおらず、兄弟が法定相続人になる状況でその兄弟が先に死亡していた場合、その子（亡くなった方の甥・姪）が代襲相続するかどうかは昭和23年と昭和56年の2回、制度が変わりました。該当しそうな人が記録に出てきた場合は、役場の窓口等で法定相続人の制度の説明を受けてください。

相続人が明らかになれば、前述の「父からあなた」の相続と同じ手続き（遺産分割協議等）を進めていきます。

Q　3代前の曾祖父名義の山林もあります。この場合の名義変更手続きはどうなりますか？

A　手続きは同じですが、法定相続人が増えるので難しいものになります。

手続き自体は前述の通りですが、法定相続人が非常に多くなり、遺産分割協議が成立しにくくなります。あなたの名義に変えようとすると、曾祖父の子、孫、ひ孫など、すべての相続人を確定し、住所を探して連絡を取り、遺産分割協議書への押印、印鑑証明書の提出などを頼むことになります。2代前（祖父）から連なる相続人が20人くらいになることは普通ですから、3代前となると……。

状況によっては、家事調停の申し立て、個別に相続分を譲渡してもらう（いずれも後述）などの対応策も検討してみてください。曾祖父の方の死亡時には前述した家督相続の制度が適用されていたかもしれませんから、法定相続人の判定には相談を受けることをお勧めします。これは、役場の戸籍関係部署の相談で回答が得られます。

Q 相続人の名前はわかりましたが、連絡先（住所）がわかりません。

A 「戸籍の附票」を取ってください。

戸籍を取って、現在の戸籍に紐付いている「戸籍の附票」を取ります。その人の現在の住所が記載されています。

ここまでの流れをまとめると、祖父の除籍謄本を取った結果、相続人がわかった。その相続人が死亡している場合は、さらにその相続（代襲相続）人について同じように探索していく。最終的に各相続人が、「死亡しており、ほかに相続人がいない」、「いま生存しており、現在の戸籍がある」、という二つのいずれかの状態にたどり着くであろう、ということです。今生きている方ならば、「戸籍の附票」を取って、現在地の住所を調べて、相続手続きについて連絡を取る、ということです。

どうする？　相続人の問題で遺産分割協議ができない場合

Q　遺言がない場合は、どうやって遺産を分ければいいのですか？

A　まずは「遺産分割協議」をお考えください。

ここまで、故人の出生時まで溯る戸籍（除籍）とともに、すべての法定相続人を明らかにし、そのすべてと連絡を取る必要をご説明しました。連絡を取って何をするのかと言えば、「遺産分割協議」です。

どの遺産を誰が相続するか、あるいは相続しないかを法定相続人みんなで決める協議です。その内容を協議書として記し、各々が実印を押し、印鑑証明書を添えて提出すれば相続登記で使える書類になります。

協議が滞りなく円満に進むかどうかは、各家の状況によります。これぱかりは蓋を開けてみないとわかりません。疎遠な人が相手なら運次第とも言えます。協議がまとまらない場合もあるでしょう。その場合の対応策もあります。

Q 「遺産分割協議」とは、どのようなものですか？

A 相続人全員で遺産の分割内容を協議・合意し、書類として残すことです。

冒頭の42頁以降でご説明したように、相続人すべて（ここでは、お母さん、あなた、弟さんの3人）で協議した内容をまとめ、「○○の山林は○○が取得する」などと書面に記して、全員が実印を押したものです。山林に関する記載は、登記情報に記載されている通りに記載します（地番・面積など）。

Q 他の相続人と連絡が取れない場合、相続登記はできませんか？

A できますが、方法は状況により様々です。

遺産分割協議や相続分譲渡などでは、各法定相続人への連絡・協力が必要になります。しかし、どうしても連絡が取れない相続人がいる場合、その対処法もあります。

●消息不明／失踪宣告、不在者財産管理人の選任などの手続きです。ただし費用が増えます。

●寝たきりや認知症など／成年後見制度の利用が理想ですが、費用が増えます。その人が亡くなった後に、その相続人と遺産分割協議を開始することも可能です。

遺産分割協議の前に、法定相続分（妻が1／2、子が残り1／2を等分、など法律で決められた割合）による相続登記も可能です。しかし、遺産分割協議が終わるまでは相続人全員の共有のままとなり、将来売却する時などに共有者全員の合意が必要ですので、単に法定相続分の登記をするだけならお勧めできません。後述する相続分の譲渡を個別に受けたときは、譲り受けた相続分を自分に移転する登記の前に、法定相続分での相続登記を行うことがあります。

Q　相続人の1人が認知症を患っています。遺産分割協議の現実的な対応策はありますか？

A　急ぐ必要がなければ、しばらく待つこともお考えください。

その方に成年後見人が付いていれば、遺産分割協議そのものはできますし、公共事業で土地を買収したいときなどは、その方法が採られます。原則的な対応としてこれを案内されることもあるでしょう。

一方、親族内での遺産分割協議を考えてみましょう。例えば、あなたが山林を相続することによって、分割後の資産価値に偏りが生じることがあっても、各々が納得の上であれば協議は整います。しかし成年後見人は、あくまでも本人（ここでは認知症を患っている人）の利益を守る立場ですので、本人が不利益を被る協議は成立しないと考えたほういでしょう。もちろん、法定相続分を下回らないかたちでその本人に遺産を相続させる分割案の提示が可能であれば、成年後見人を交えて協議を進めることもできます。

成年後見人との遺産分割協議を進めることを考えるのは、例えば、山林を条件よく買ってくれる人がいて、その売却代金を法定相続分で分割すれば済むケースです。

ただ、売却を前提としないのなら、様子見もいいのではないでしょうか。金銭的に余裕がなかったり、登記を急がないのであれば、遺産分割協議そのものはいつやっても構わないので、少々お待ちになることも現実的な対応策です。このようなケースの相談に対しては、不謹慎な表現になりますが、その方がお亡くなりになってから遺産分割協議を開始していただくことが多いのです。もし様子見の期間中にほかの方も亡くなりそうなら、あらかじめ協力を頼んでおくか、相続分の譲渡を受けておくことを検討します。兄弟姉妹が法定相続人になる場合など他家の方が法定相続人になり、その方が寝たきりの場合に、こちらの都合で成年後見の申し立てをお勧めすることはできないと思います。

Q　相続人の1人と、どうしても連絡が取れません。

A　失踪宣告か、不在者財産管理人の選任を申し立てます。

このケースもよくあります。いわゆる「失踪」ですね。住所は実家のまま、「自分探し」の旅に出たっきり、というケースもあります。これらの場合、その人の痕跡をたどって一つ一つ連絡をかけていくと発見できることもあります。

調査をしても発見できない場合は、家庭裁判所へ失踪宣告を申し立てるか、不在者財産管理人の選任を申し立てることができます。失踪宣告は一定の要件でその人を「法律上、死んだことにする」申し立てであるのに対し、不在者財産管理人の選任申立は本人が生きている想定で、誰かに本人のために財産の管理に当たる代理人のような立場になってもらうために利用します。当然ながら、失踪宣告を勧められてあっさり同意する親族のほうが珍しいことになります。

特に、まだ40~50代の若い方の場合は、本当に亡くなるのも当分先のことになるはずです。生存が期待できる人のための制度である不在者財産管理人の選任の費用は、ときには相当かかると考えなければならず、それが大きな問題です。

遺言がないと行き詰まるパターンの一つですが、親の立場から見れば、自分の子どもと連絡が取れない状況や、生死を含めて行方がわからない状況は、生前からわかっているはずです。そうであれば、必ず遺言書を作っておくべきです。自筆の遺言でかまいません。遺言書にしたがって相続登記をする場合は遺産分割協議が必要なく、遺産相続が始まったとたんに連絡不能だった相続人が現れることはそうそうないからです。

Q　相続人の1人が、海外に居住中で印鑑証明書が取れません。

A　その人の協力が必須で、ある意味、最も対応が難しい問題です。

遺産分割協議が成立したこととその内容を金融機関や法務局に示すには、相続人がその協議書に署名・捺印して、その署名・捺印が正しいことを明らかにする証明が必要です。日本では実印と印鑑証明書、海外在住者であれば署名（サイン）と公証機関による署名（サイン）証明があります。

アメリカや欧州諸国ならそれほど問題にならなくても、例えば発展途上国に住んでいて、何百kmもの距離を何日もかけて署名の証明を取りに行かねばならない、となったら現実的には非常に厳しいと言わざるを得ません。これは、公共事業の用地買収の問題としても出てきます。

本人に連絡だけは取れるので、失踪宣告や不在者財産管理人の選任では解決できません。仮に不在者財産管理人であれば、選任費用を用意できれば申し立てできます。つまり金銭で解決できる問題ですが、海外居住中となると、金銭では解決できないという意味で最も難しい問題です。あくまでも、本人の意向を慮るしかありません。

なお、その人から相続分や不動産の持ち分を譲渡してもらうにしても、結局は登記申請の際に印鑑証明書や署名の証明が必要となります。いくら本人がいいと言っていても、それが公に認められないといけないのです。

ですから、ここでもやはり遺言を強くお勧めすることになります。遺言書があれば遺産分割協議は不要なので、海外在住の相続人に何かのお願いをしなくても進むように遺言で財産を相続する人を指定しておけば、相続がスムーズに進みます。もちろん、その海外居住者の方に一部の遺産を相続させるようにしてもかまいません。

どうする？　遺産分割協議が紛糾した場合

Q　遺産分割協議が紛糾し、進まない場合の対応策はありますか？

A　理想は「遺産分割調停の申し立て」ですが、「相続分の譲渡」もお考えください。

複数の法定相続人を相手にして、最終的に一つの林地を1人の所有者にまとめる、というケースを考えましょう。遺産分割協議を成立させるのが一般的な方針であり理想です。これができないことが相続未登記問題の大きな原因になっています。他に方法があるとすれば、各人が相続した権利を別の相続人に譲ってもらうことです。これを「相続分の譲渡」と言います。

例えば、相続人がA、B、Cの3人いて、遺産分割協議が揉めているとしましょう。ここで、ずっと山を管理してきたAが山をまとめて相続したいと主張しているのに対し、Bが異を唱え、一方のCは「面倒だから何もいらない」と言っているとします。そこでAは、相続する権利を仲の良いCから譲り受けることにしました。これが「相続分の譲渡」です。

相続分の譲渡の相手や条件には特に制限はないので、無償でもいいですし、「はんこ代」としていくらか見返りを渡す、なども現実的にはあるでしょう。相続分の譲渡は、遺産分割と違って個別の不動産や預金等の権利を譲り受けることではありません。相続人である状態をまるごと譲ってもらうことだと思ってください。譲った人（C）は、遺産分割協議からは脱退します。

このメリットは、他の相続人からも次々に譲渡を受けていくことで、協議する人数を減らし、自分の持ち分を増やし、最終的には残った相手より持ち分が多い状態に持ち込める点です。

この方法で、遺産分割協議が整わないうちにほかの法定相続人が亡くなり、相続人として交渉する相手が増える状態を阻止することもできます。つまり、個別に譲り受けておき、今以上に権利者が増えない状態を作っていく。これが、現実的な対応の一つだろうと思います。

そして最終的には、金銭で解決できるかどうかを模索することになるでしょう。すなわち、遺産分割調停を申し立て、代償金を支払って解決するということです。その場合でも、相続分の譲渡を受けていれば、山に手をつけず、他の相続財産から代償金を捻出できる可能性も増えるのではないでしょうか。

Q 「遺産分割調停の申し立て」とは、どんな制度ですか？

A 家庭裁判所によって当事者の力関係に左右されない判断が示され、使い方によっては非常に便利な制度です。

「裁判所」という言葉に尻込みされる方もいらっしゃるかもしれませんが、むしろ便利な制度とお考えください。

遺産分割調停の良い点の一つは、基本的なことですが、中立な人（調停委員）が関与して話し合いができることです。声の大きい人に誘導されたり、弁護士をつけた人だけが有利になる可能性を減らせます。立場の強弱で不利な交渉をしなくて済むのです。シンプルな事案では予想可能な結果が示されることが多い、という点も長所です。つまり、法定相続分を基本として、それから大きく外れないように財産を分割しなさい、あるいは代償金を支払いなさい、という判断が示されることが多いのです。山林をこちらに引き寄せるためには、相手にいくら支払えばいいかが計算でき、その額が現実的であれば、争わずに申し立てることをお勧めする場合もあります。ただし、これは遺産分割調停で寄与分（相続人の1人が貢献して、亡くなった人の財産を増やしたから多めに分配を受けたい）や特別受益（相続の前に財産をもらった人がいるから、その人の取り分は減らすべきだ）などの特殊な事情を主張して争うことは相当な証拠がないと難しい、という短所でもあるかもしれません。

もう1点、これを私がお勧めする理由は、必要な費用が実は少なくて済むという点です。相続登記の仕事で見た、ある遺産分割協議書があります。これは、相続人たちが揉めたために弁護士が入って作成されたものですが、弁護士への報酬として10％を払う条件で、1000万円単位の不動産を取得できる結果になったそうです。揉めた話がまとまって良かったのは確かですが、よくよく聞くとほぼ法定相続分で分割しているのです。ですから、最初から家庭裁判所で調停を申し立てていれば、結局は弁護士が作った通りの結論が得られて、分割調停の申し立て書類を作る費用も、私（司法書士）がやれば実費込み5万円、そんな話なんです。

どうやら、相手（兄弟）との交渉が億劫になったので弁護士を立てたそうなのですが、相手がどんな人であろうと、遺産分割の調停が整わなければ、裁判所は法定相続分に近い形の判断

（審判）を示す可能性が高いものです。それにはほぼ逆らいようがないので、ならば調停を選んでも良かったのに……という示唆に富んでいます。

無理な主張をしたところで、裁判所は順当な判断しか示しません。人によっては裁判所に対して複雑な思いを持っていますから、あまり軽々しくお勧めするものではないのかもしれませんが、ただ、誰でも使っていい制度なんですよ、とは言えると思います。

成功例もあります。父親の相続で、疎遠な子には財産を相続させない、と言ってきた母親がいました。言われてしまった息子から依頼を受け、書類を作って遺産分割調停を申し立てました。名寄帳で把握できた不動産を法定相続分で割ればいい、そう主張すれば代償分割のお金が母親側から出てくるだろう、ということです。結果、裁判所に2回行っただけで調停成立となりました。相手の主張が無理であるほど逆に対処が簡単になる、そんな事例と言えます。

「遺産分割調停の申し立て」と前述の「相続分の譲渡」は併用することができます。例えば、相続人10人のうち6人から相続分の譲渡を受けておき、残り3人に対して調停を申し立てる、という方法です。調停中に相続分を譲渡して手続きから抜ける人もいます。

Q「相続分の譲渡」と「相続放棄」は同じものですか?

A　違います。権利も義務も一切引き継がないのが「相続放棄」です。

「相続放棄」とは、被相続人、例えばお父さんの死亡であれば、お父さんの財産を継ぐことができない代わりに、お父さんの債務を相続することもない、という制度です。権利も義務も免れることができるのが、「相続放棄」です。被相続人の債務、義務を確実に免れることができる制度は、事実上これだけだと思ってもらって構いません。

この「相続放棄」を行うためには一般的に、亡くなったことを知った日（相続の開始があったことを知った日）から3カ月以内に申述すること、という期限の決まりがあります。

具体的には、家庭裁判所へ申し立てを行います。遺産を使ってしまったなど不許可の事由がなければ、家庭裁判所は受理して、その証明書を出してくれます。その書類によって、この人は被相続人の債務を相続していないということがわかりますし、権利を相続していないこともわかるので、相続登記に添付できる書類にもなります。家庭裁判所への申し立てで相続放棄をした人は、遺産分割協議に参加させる必要がなくなります。

「相続分の譲渡」に使う証書の例

相続分譲渡証書

被相続人亡甲野太郎（平成２８年１１月１１日死亡　本籍　○○市新町１丁目２番地）の相続人甲野三郎は、その相続分全部を相続人甲野一郎に無償で譲渡し、甲野一郎はこれを譲り受けました。

平成○年○月○日

○○県○○市○○町３丁目１番地
譲渡人 甲野　三郎　　実印

○○県○○市○○町１丁目２番地
譲受人 甲野　一郎　　印

－注意事項－
・甲野三郎の相続分を、甲野一郎が無償で譲り受ける場合の記載例です。
・お金を払う（有償の）場合、『無償で』の箇所に金額を書き入れます。
・ワープロで作っても構いませんが、譲渡人の署名は自署が望ましいです。
・被相続人は氏名と本籍・死亡日を記載します。
・相続人は住所・氏名を記載します。
・譲渡人は実印を、鮮明に捺印します。
・被相続人の死亡後＝相続の開始後なら、いつ本書面を作っても構いません。
・これは相続による権利を譲渡するもので、相続放棄と違って債務（借金を返す義務など）を免れるものではない旨、譲渡人に説明しておきましょう。
・知れている相続財産は一通り、譲渡人に開示しておきます。
※財産の有無について、譲渡人をだまして相続分を譲渡させてはなりません。

・この書面と併せて、譲渡人の印鑑証明書１通が必要です。印鑑証明書がないと、この書面を相続登記時に使えません。
・本書面と添付の印鑑証明書に、有効期限はありません。登記の申請のときには、別に譲渡人に協力してもらうことがあります。

世間でよく言う「相続の放棄」は、この公的な手続きとは違っていることが多いです。一般的なのは、遺産分割協議の結果、自分が何も遺産を相続しないことを指して「相続放棄」といっている人。この場合、ある人が権利を相続できないと決まった、という話でしかなく、義務までは免れていないのです。そこに気付いていない方が多いようです。

例えば、相続人がA、B、Cの3人いて、お父さんの財産は90万円、借金を300万円残して亡くなったとしましょう。債務のほうが多いので、普通なら相続放棄をすべき事案ですが、義侠心溢れる相続人Aが1人で財産を相続し親の借金を返すことに決め、それを遺産分割協議にまとめてしまった。そこではBとCは90万円の権利を放棄したつもりですが、義務は放棄できておらず、法定相続分で分割された額の借金返済が個々人に請求されます。この例だと、それぞれに100万円ずつです。相続人Aがあとで B、Cに請求された額を肩代わりしてあげることはできますが、全くの他人である債権者の対応は家族内の話し合いに左右されません。

ここが、一般の人が言っている「相続の放棄」と、家庭裁判所に対して行う公的な「相続の放棄」の大きな違いです。

もう一つ、相続登記の申請を楽にするテクニックと称して「事前に十分な生前贈与を受けたので、自分には遺産の分配を受ける権利（相続分）がない」という証明書に署名捺印させられることがあります。実際は贈与など受けていないことが多く、署名した人も自分が相続放棄したと思っています。事実と違う証明書を作って登記に使う点にも弊害があるため、こうした内容の書面を見せられたら弁護士への法律相談を強くお勧めします。

Q 間違って負債も相続してしまいました。救済策はありますか？

A 基本的にはありません。

もしも間違って負債まで相続してしまったら、一括で、もしくは分割払いの和解などを成立させて地道に払っていくか、債権本体の時効消滅など、支払わないでよい理由を探すことになるでしょう。負債を相続したことを知った日から3カ月以内に相続放棄の手続きをすることもできる場合がありますが、当然ながら相続していたはずの財産も失うことになります。

当事務所ではこういう事例がありました。定年間際の会社員が会社から前借りをしたまま亡くなり、死亡の6年後になって、相続した子どもたちに貸したお金の請求（訴訟）をしてきた会社がありました。筆者はその状態で相談を受けました。ただ、これは会社が貸したお金のため、5年で時効消滅したという答弁書を出し、こちらの主張が通りました。もしも時効で消滅する前だったら、支払う前提で相談せざるを得なかったでしょう。

本書の冒頭で、相続発生時にまず最初にやることとして「財産面での状況把握（負債を含む）」を挙げたのは、この理由からです。家庭裁判所に「相続の放棄」を申述して認められない限り、負債の相続からは逃れられません。検討できる期間はたった3カ月です。相続する側の立場からすると、「せめて財産と借金の一覧を書き残しておいてほしい」となるわけです。

どうする？　相続登記（名義変更）の本人申請手続き

Q　名義変更の登記は自分でもできるのですか？

A　できます。

遺言書がある、遺産分割協議が成立、あるいは相続分すべての譲渡、家庭裁判所での調停・

審判が成立して、あなたが山林を相続することが正式に決まれば、その結果を添付書類として、いよいよ法務局で相続登記（所有者の名義を変更する登記）を申請することになります。

添付書類の基本は、遺産分割協議書と印鑑証明書ですが、遺言書などそれに代わるものを添付書類とすることができます。要は、あなたが最終的に相続人となり、その過程が正しく成立していることを示す書類があればいい、ということです。

例えば、親の相続で相続分をほかの相続人たち全員から譲渡してもらった、という場合には、自動的にあなた1人だけが相続人となるので、そうした書類を添付しても相続登記はできます。遺産分割調停を行い、それが成立したのであれば、遺産分割協議書と印鑑証明書の代わりに「調停調書」という裁判所が出す書類を付けて相続登記の申請をすることになります。

この相続登記の手続きを司法書士に頼まれる方も多いようですが、本人が申請することもできます。大まかな流れは42頁「山林の相続登記の基本手順」で挙げた通りです。戸籍や登記情報を収集するうちに、登記が難航しそうか、スムーズに運ぶかの見当がつくはずです。その段階で「自分の手には負えない」と判断すれば、そこから司法書士に頼んでもいいわけです。

また、法務局では無料の登記相談も行っているので、利用してみてください。

Q　山林の「権利書」を探しています。それらしい証書が見つからないのですが、大丈夫でしょうか?

A　相続登記では必要ありません。「権利書」は一般的に、登記が済んだ際に法務局から発行された「登記済証」を指します。これがなくても名義変更は可能です。

実は、「権利書（証）」という名称の証書は、法令上はありません。登記申請を行った際の登記申請書や売渡証書などに、法務局が「登記済」の判を押して返してくれる書類を法令上「登記済証」と言います。権利書と呼ばれる証書の正体は、山林を取得した時の「登記済証」のことを指します。

登記を司法書士に頼むと、登記済証に独自の表紙を付けて渡してくれることが多いと思いますので、「登記済証書」や「登記済権利証」といった題名になっているかもしれません。もう一度探してみてください。

また、登記済証が見当たらなくても名義変更（登記）は可能ですので、ご安心ください。仮に紛失したとしても、権利は消えません。

なお、「登記済証」自体に担保機能はありません。よくテレビドラマなどで権利書を盗み出す場面が描かれますが、登記済証だけで抵当権を設定したり、勝手に名義を変えたりすることはできないのです。同様に、他人の登記済証を預かっていても、担保としては無意味です。ありがちなのが、昔、知人にお金を貸した際の担保として山の「権利書」を預かっているパターンですが、この権利書だけでは権利は動かせません。

ちなみに、平成17年に不動産登記法が改正され、法務局から発行される書類が、平成20年までに「登記識別情報通知」に変わりました。ですから、移行後に登記された山林の場合は、「登記識別情報通知」という書類になっています。登記識別情報とは、12桁のランダムな数字や符号で、登記済証の代わりとなるパスワードとお考えください。

相続登記の場合は、これらの書類はそもそも必要ありません。亡くなられた方の登記上の住所と死亡時の住所を結びつける証明書がないときに、資料の一つとして使えたらいい、という程度です。相続登記が済んだら、以前の権利書に代わって新しい登記識別情報通知が発行されます。そちらをなくさずに保管してください。

Q　山林のある場所に行かず、郵送での名義変更は可能ですか？

A　可能です。

必ずしも現地や法務局へ赴く必要はありません。登記は、よく準備すれば管轄法務局へ郵送申請して済ませることができます。ただし不備があると面倒なので、事前に法務局や司法書士に相談されることを強くお勧めします。

また、戸籍も郵送で収集が可能ですし、登記情報はインターネットで取得できます。

遺言のススメ

これまで見てきたように、相続後の遺産分割協議が難航する、つまり家族（相続人）の間に争いが発生するケースがあります。できる限りそのような事態を避けたいと考えるのが人情というものでしょう。争いはなくても連絡が取れない、寝たきりで話ができないなどのために遺産分割協議ができないこともあります。

そこで強くお勧めしたいのが、遺言（自筆証書遺言）を残すことです。遺言は、すぐに作れて、コストパフォーマンスが高く、その代わりに、いつでも変更できる脆弱性はありますが、ないよりは「まし」です。ないよりはまし、という言葉をあえて使いますが、後々に相続人が遺産分割協議で味わう苦労を考えれば、よっぽどましなもの、と思っていただいて結構です。

遺留分を主張されることを承知して、あえて全財産を特定の1人に与える、という遺言であっても、何もしないより「まし」です。相続人たちがにらみ合った状態で遺産分割協議が成立しないよりは、遺留分を主張したい者はすればいい、というスタンスでもいいのではないかと考えます。

「法定相続分」と「遺留分」

遺留分は、遺言や生前贈与のやりすぎで法定相続人の権利が傷つかないように保護する制度だと考えてください。例えば妻に全財産を相続させる遺言があった場合、子供が困ります。こうした遺言で権利を傷つけられた（遺留分を侵害された）子の側から権利の回復を求めるのが、遺留分減殺請求です。ただ、この請求をするかどうかは各相続人の自由ですので、そうした請求に踏み切らない人もいます。子や孫、配偶者の遺留分は法定相続分のさらに半分です。子供2人だけが法定相続人なら、1人につき4分の1です。逆に考えれば遺留分を考慮しても、財産の4分の3は遺言で1人の子に相続させられることになります。兄弟姉妹が法定相続人の場合、遺留分はないので遺言ですべての財産を自由にできます。

不利な遺言を示された人でも、故人の遺志を尊重して引き下がってくれる場合が当然ありますし、争おうとしても、専門家への依頼費用などが制約となって結局争わずに終わる場合もあります。さらにはっきり言えば、遺言書を作成しておけば遺留分減殺請求などで争いを始める費用は争いたい人の負担、遺言がなければ遺産分割の交渉や調停の申し立てを誰かに依頼して手続きを始める費用はあなたが財産を相続させたい人の負担、ということです。

遺言への対抗策として遺留分の請求はありえます。しかし遺留分を侵害しないように相続分を指定することが必須ではありませんし、法定相続分の決まりがあるから何もしなくていいと捉えるのは違うんだ、とお考えください。自分自身の意思を示すことが大事なのです。

「自筆証書遺言」と「公正証書遺言」

遺言書の書式例と注意事項を次頁に掲載しました。ご覧の通り、誰かに全財産を相続させる

自筆証書遺言の書式例①

遺言書

わたしは、長男の甲野一郎(昭和50年2月1日生)に、全財産を相続させる。

平成29年12月12日

○○市新町1丁目2番地

甲野太郎(印)

－書式例①の注意事項－

・甲野太郎が長男に「全財産を相続させる」内容の、もっとも単純な遺言の例です。

・相続させたい人は次男・長女・妻など、必要に応じて書き替え可能です。

・「全財産」の部分もいろいろと書き換えたくなりますが、「山林」としてはいけません。
その理由は、現況が山林であっても登記上の地目は畑など、財産の特定に曖昧さが発生するためです。

・相続させたい財産を個別に指定したい場合は、②の例によります。

自筆証書遺言の書式例②

<table>
<tr><td>

遺言書

わたしは、長男の甲野一郎(昭和50年2月1日生)に、以下の財産を相続させる。

記

1.　〇〇市元山字前ノ谷　345番　の土地

2.　同所　　　　　　　　346番1　の土地

以上

平成29年12月12日

〇〇市新町1丁目2番地

甲野太郎(印)

</td></tr>
</table>

－書式例②の注意事項－

・2筆の土地を選んで、長男に相続させる場合の例です。

・一般の書式例では登記上の地目や地積(山林　120㎡　など)が書き加えられますが、必要ありません。登記上は所在と地番だけで土地の特定ができるからです。

・同一人に相続させたい土地が複数ある場合、『同所　347番　の土地』の書き方で列挙すれば、文例中『〇〇市元山字前ノ谷』の部分は置き換えることができます。

・所在と地番の表記を書き間違えると相続登記ができません。

書き間違ったら訂正するのではなく、破棄して最初から書き直すことをお勧めします。

・不動産の所在や地番は、インターネットで登記情報を取得するか登記事項証明書で確認して、その通りに書きます。未登記の建物は(登記がないので)市町村発行の名寄帳または評価証明書を参照し、その通りに所在・種類・構造・床面積・建築年を記載します。

※昔の貸家などでは、同じ土地の上に同じ床面積や構造の建物が複数件あることもあります。敷地の東側・西側などの位置で特定します。

－自筆証書遺言　共通の注意事項－

1. すべての記載を自分1人で書きます。ワープロは認められません。
上記の書式例なら、『遺言書』から『甲野太郎』までを、甲野太郎自身が手書きします。

日付は、『年・月・日』を正確に記載します。
2. 紙は普通のコピー用紙で構いません。筆記具はボールペンや万年筆など、消せないもの。
3. 押印は実印・認印のどちらでも構いませんが、遺言者自身が使っているものが良いでしょう。三文判はお勧めしません。銀行印は可です。
4. 相続させたい人は、子供と配偶者なら続柄と氏名で特定できます。
それ以外の人に相続させたい場合、住所・氏名・生年月日で特定します。

同姓同名の姪や孫は存在することもありますが、同姓同名の「長女」や「次男」はいないからです。
5. 書き間違ったら無理に訂正しないで、破棄して最初から書き直すことをお勧めします。
訂正の方法が厳密に定められており、難しいからです。
6. 付言事項(これまでの感謝など)は、別の紙に書くと良いでしょう。
付言事項は長くなりがちで、法的には不要な部分なので、ここで書き間違えて遺言書全体を台無しにしたくないからです。
7. 遺言書が複数あっても構いません。遺産を相続させたい人が複数いるなら、その相手ごとに遺言書を作っても良いでしょう。
8. 複数の遺言書の内容が矛盾する場合、後の日付で作られたものが優先されます。
9. 複数の遺言者が1枚の遺言書を作ることはできません。例えば、夫と妻が連名で子に遺産を相続させる旨の1枚の遺言書は作れません。その遺言書は無効になります。
10. 「自筆証書遺言」は自筆が必須です。どうしても字を自分で書けない場合は、「公正証書遺言」という手段があります。公証役場で公証人に作成してもらう必要があるので、費用と手間がかかりますが、これはやむを得ません。

自筆証書遺言の作成　チェックリスト

自筆証書遺言の作成　チェックリスト

－法律的な有効性－

□ぜんぶ自分で手書きしましたか？

□遺言書を書いた日を、『何年何月何日』と書きましたか？

□印鑑は実印や銀行印など、ふだん自分が使っている印鑑で押しましたか？

□ご夫婦2人で、など、複数の人の遺言をまとめて書いていないですか？

※2人以上の人が同じ遺言書で遺言をすることはできません

□記載を訂正した場合、民法に定められた形式で訂正しましたか？

※書き間違えた場合は最初から書き直すことをお勧めします

－内容の正確さ（特に不動産の場合）－

□出てくる人の名前と住所は正確に書いてありますか？（真太郎と眞太郎、など）

□土地は『所在』と『地番』を書いてありますか？

□登記がある建物は、『所在』と『家屋番号』を書いてありますか？

□土地の所在と地番、登記がある建物の所在と家屋番号は、『登記事項証明書』または『インターネットで取得した登記情報』と照らし合わせて確認しましたか？

□未登記の建物については、評価証明書・名寄帳などから『所在・種類・構造・床面積・建築年』を正確に書き写しましたか？

遺言は本文1行だけでできてしまいます。実は、「今までの遺言を全部取り消す」という遺言もこの通りの表現でできます。公正証書で遺言を作っても、その後で自筆の遺言(自筆証書遺言)によって取り消せるのです。

これも考慮して、自筆の遺言と公正証書で作る遺言の違いを比べます。

・遺言の効力に関する優劣はありません。あとで作られたほうが優先します。
・作成費用や公証人と会うなどの手間がかかるのは公正証書遺言の短所です。
・字が書けないときは、特別な場合を除き公正証書遺言以外の選択肢がありません。
・相続後の手続きでは、公正証書遺言のほうが便利です。公正証書遺言は公証役場にも保管され、どこにあるか検索してもらうことができます。自筆の遺言は誰かに捨てられたらそれで終わりです。また、自筆の遺言は相続開始後に家庭裁判所で「検認」を受ける必要があります。公正証書遺言は検認の手続きが必要なく、ただちに相続登記に使えます。

最後に、自筆証書遺言の検認の手続きには他の相続人も呼ばれます。これをきっかけに遺言の内容をほかの法定相続人が知ることになります。自分に不利な遺言だと知った相続人の1人が「この遺言書は父の筆跡ではない」と検認の手続きで述べることはできます。最悪の場合、別に訴訟を起こして争い、その遺言が正しく作成されたことを確認しないと相続手続きには使えなくなる可能性があります。言い換えると、例えウソでも「遺言が正しく作られたものでない」などと言ってきそうなほど激しく敵対している、または財産を欲しがっているような相続人がいる場合には、特に公正証書遺言の作成を検討するといいでしょう。家庭裁判所への遺言の検認申立書は自分で書けるものなので、連絡が取れない人や寝たきりの人がいることに備えたい、というだけなら自筆の遺言でかまわないわけです。

自筆証書遺言を使いやすくする民法改正案が平成30年1月開会の通常国会に提出されます。改正後は一部をワープロで作れるようになり、遺言書を法務局に預ければ家庭裁判所での検認が不要になる制度もできます。これまで指摘した自筆証書遺言の短所を改善する改正として期待されています。

ここをチェック!

依頼した仕事は、進捗状況を確認!

相談中に聞く苦情として多いのが、他の事務所に依頼した仕事が放置されることです。

債務整理や相続登記を半年放置された、といった話があります。

他の事務所から筆者の事務所に乗り換えられた方に、相続登記の依頼で書類一式を整えて渡したにもかかわらず、3カ月進展がなかったケースがありました。相続登記の手続きは書類が整っていれば、1カ月もかからずに終わります。依頼者からすれば「一体何をやっているのか」という話ですね。依頼者への対応はいつも別の士業がしていたと聞いていますす。その街では大きな事務所だったはずですが、忙し過ぎる事務所だったのかもしれません。

例えば税理士に当初依頼して、そこから司法書士に書類が転送されていたら、依頼者からは状況がよくわからないことになります。書類を預けただけの状態なら委任契約の性質上、依頼を中止できますので、いったん手続きを止めることを考えてもいいかもしれません。

依頼をしたからといって安心せず、常に連絡を絶やさないようにして、個々の手続きを行っている人と話ができるような方に依頼するのが良いでしょう。

譲渡（贈与・売買）編

山林を譲渡する場合、元の所有者から新たな所有者へと名義を移転する登記を行います。

相続登記と同様に、家族間で行う急がない登記の申請は自分ですることもできます。

ここでは、相続と関係ない山林の譲渡、主に贈与や売買についてご説明します。

山林の譲渡〜贈与や売買による所有権移転登記

山林を譲渡（贈与や売却）する際は、自分の名義から譲渡相手の名義へと変更する手続きが必要になります。これも相続のときの登記と同じ「所有権移転登記」と言います。

山林の譲渡に当たっては、登記の手続きのほかにも気をつけたいポイントがあります。

Q　自分名義の山林を、生前に息子名義に変更したいのですが、どのような手続きが必要ですか？

A　名義変更（登記）の手続き自体は難しくありません。ただし、贈与であれ売買であれ、税金の考慮が必要でしょう。

相続時と異なり、この登記は山林（不動産）を譲る人・受け取る人が関わる申請になるので、原則として両人が法務局と書類をやり取りする必要があります。しかし、あなたが息子さんを代理人に指定する（委任状を書いて渡す）ことで、息子さん1人で登記申請ができます。

必要な書類は、登記申請書、山林の登記済証、固定資産税評価証明書、登記原因証明情報（49、119頁参照）、あなた（義務者／元の所有者）の印鑑証明書と息子さん（権利者／新たな所有者）の住民票、息子さんに申請を任せるなら委任状、といったものです。相続ではないので、戸籍に関する書類は不要です。

贈与・売買とも、相続登記のときには発生しない税金を納めることになります。一方で、譲り受けた息子さんが、いまから積極的に林業経営ができるメリットがあります。逆に、勝手に山を売り払われてしまうかもしれません。実費が多くかかることや、亡くなられたあとの遺産分割がうまくいかないことが心配ならば、名義をいま変えずに遺言を残すことも同時に検討すると良いでしょう。146頁で紹介する民事信託の活用も有力な選択肢です。

一例として、贈与に伴う税金を107頁に挙げました。生前贈与で減らした結果の資産総額（と相続人数）によっては相続税が発生しません。この点もご検討ください。

山林の贈与・売買では、契約を！
お子さんへの贈与は、遺言も検討。

贈与・売買では、後々のトラブルを避けるため、贈与・売買に当たっての条件を双方で決め、契約書を取り交わしましょう（116頁参照）。この時、（山林の状況に応じて）双方の責任をどれだけ明らかにできるかがポイントになります。

また、登記費用（登録免許税や司法書士への報酬等）のほかに、受贈者・買い主に対して課せられる不動産取得税、贈与税（贈与の場合）の検討が必要でしょう。

相続時には不動産取得税と贈与税は課せられません。お子さんへの贈与をお考えなら、遺言で山を贈ることも選択肢に加えてみませんか。

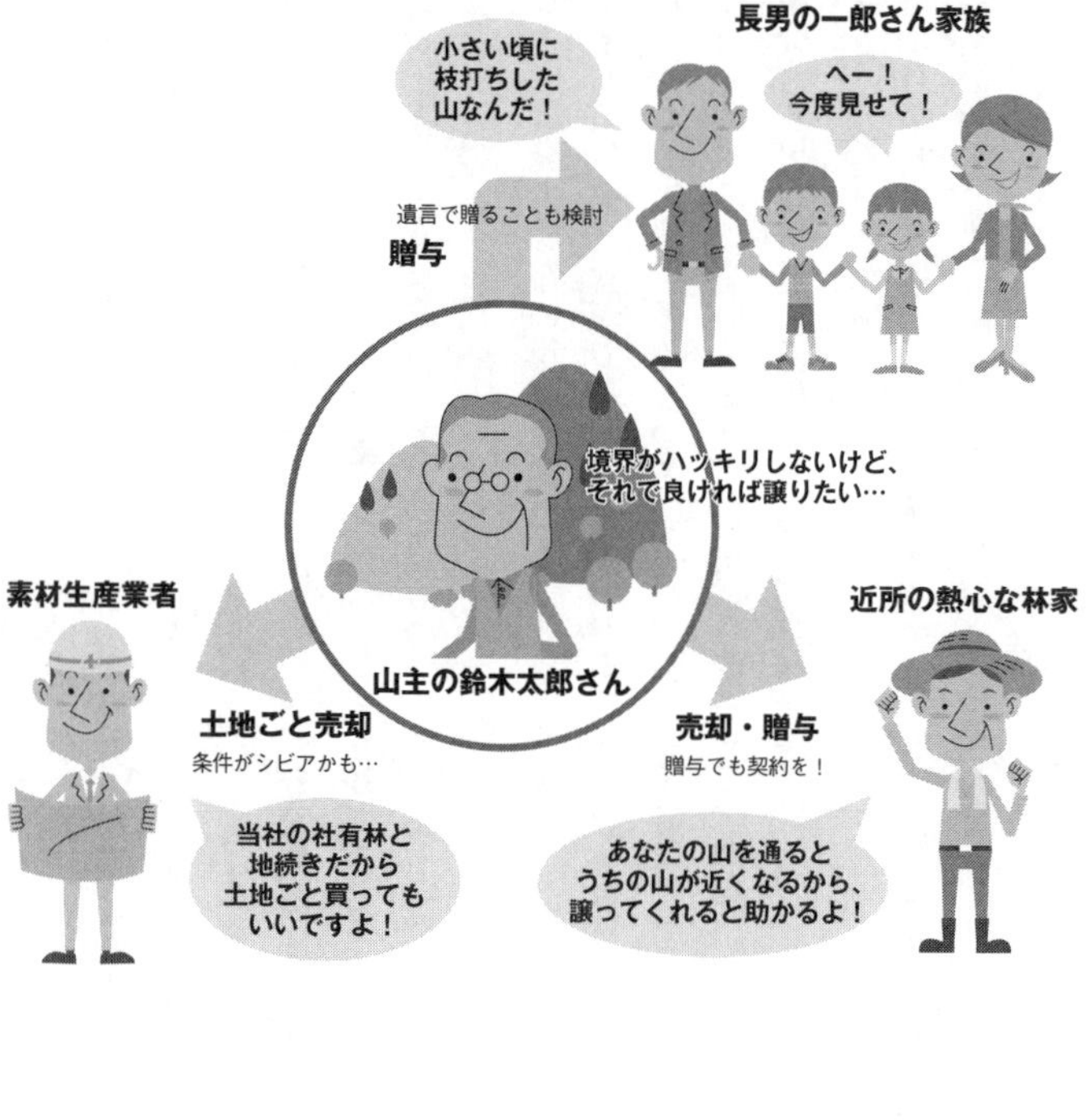

贈与に伴う税金

税金	税率	備考
登録免許税	評価額の 2%	相続時は 0.4%
不動産取得税	評価額の 3%	相続時は不要
贈与税	110 万円の基礎控除後、10%〜	暦年課税の場合。相続時は不要

※国税庁や都道府県庁のウェブサイトを元に作成

なお、一般的には相続税対策として生前贈与が検討されますが、親子間の贈与では、相続開始時から遡って3年以内の贈与はなかったことになり、相続財産に算入されます。だからといって損をするわけではなく、相続財産額を減らす効果が出なかった、というだけのことです。

Q　山林をいま譲るのと、遺言で譲るのと、どちらがいいですか？

A　息子さんが「経営者」となる時期の違いとも言えます。税金や経営の面から総合的にご検討ください。

税務相談を経て来られた方は、数年かけて持ち分を贈与したり、相続時精算課税といった制度をご存じです。１人につき年間１１０万円ある贈与税の非課税枠を活用するために、受贈者の数を増やす（家族で共有する）方もいます。

これらの手法は贈与税対策にはなりますが、登録免許税や不動産取得税は相続のときより高額になります。譲渡後に、山を放置されたり売り払われる可能性もあります。

一方で、譲り受けた人は山林の所有者として日々の作業のほか施業委託など様々な契約を締結できます。経営者として行動できるようになるのが、いま名義を変えるメリットです。意中の人に林業経営を継がせる一番簡単で確実な方法は、お元気なうちに譲渡その他の対策をして見守ることだと言わざるをえません。

遺言を使うと、山林を相続する人を決めておくことができます。相続人に対立があったり、認知症の人がいる場合、生前贈与まではしなくても遺言での対策は直ちに必要です。経営規模や相談先によっては、法人化や民事信託などの提案を受けるかもしれません。

贈与を希望される方には、相続対策や事業経営の面からも、総合的に検討することをお勧めしています。

Q　山の権利書がないのですが、売買や贈与はできますか？

A　できます。登記を急がないのなら、「事前通知」という制度の利用をお勧めします。急がれる場合は司法書士に依頼する「本人確認情報」があります。

登記済証（いわゆる権利書）は再発行できないので、紛失、例えば火事で焼失した場合などには、手元に取り戻すことができません。でもご安心ください。困ることはありません。

90頁で権利書（登記済証）がなくても所有権移転登記は可能とご紹介したように、権利書をなくしてしまった方のための制度がいくつかあります。

その一つが、「事前通知」という制度を利用する方法です。権利書を付けずに登記申請を行

う と、法務局から元の所有者のところへ郵便で通知が届きます。「登記申請が出されていますが、進めて構いませんか」と尋ねる文面です。この通知を受け取ったら、「その申請を進めていいですよ」と返答のハガキを出すと手続きが進んでいきます。費用はかかりません。別の方法として、司法書士に依頼し「本人確認情報」を作成するという方法もありますが、費用がかかります（目安は数万円～）。売買の場合は確実・迅速な取り引きが求められるため、権利書がない時は本人確認情報を利用することが多いと思います。しかし、急いでいない登記申請、例えば家族間の贈与の場合などは、事前通知の利用をお勧めしています。

Q　近隣の熱心な林家に山林を売却あるいは贈与したいと考えています。どのような準備が必要ですか？

A　まずは、その山林をあなたが所有していることを証明できるか、確認しましょう。

売却や贈与に当たっては、まず最初に登記情報を取得し（44頁参照）、所有権移転の登記が問題なく進められるかを確認します。対象となる山林の特定（地番や面積等）、あなたの名義で間違いないか、現住所が登記情報（登記簿上）に書かれている住所と同じか、抵当権などの無効な登記が残っていないか、などの確認になります。

山林の名義があなたでない場合、例えば、亡くなっているお父さんの名義のままでは、あなたは贈与も売却もできません。いったんあなたの名義に移転する相続登記を行う必要があります。これについては、「相続登記編」42頁でご紹介した通りの手続きとなります。

また、登記情報に記載された住所が現住所と異なる場合は、現住所に合わせる登記（住所変更登記）が必要になります。ここでいう現住所とは、住民票上の住所です。

つまり、贈与や売買の対象となる山林の所在地はここであり、あなたが所有者で間違いない、という状況が公的な書類で証明できてはじめて、贈与や売買（所有権移転登記）を進められる、ということです。これは、息子さんへの贈与の場合も同様です。

登記情報を調べた結果、借金を返したのに抵当権の登記を抹消していなかったり、別の人と売買を約束した仮登記が残っていることがあります。権利を持っている人と連絡が取れないと、登記抹消に多くの費用や時間がかかります。ご家族に贈与するだけなら、こうした登記が残ったまま譲ってしまうことも検討してみてください。抵当権・仮登記・差押など見慣れない登記が残っていることに気づいたら、法務局や司法書士に相談してその内容を確認することを強くお勧めします。

Q　では、相手方の負担を少なくするには、贈与と売買のどちらが有利ですか？

A　贈与税の心配が不要なら贈与、そうでなければ適正価格での売買をお勧めします。

納税額を加味した具体的な比較がお悩みの中心でしたら、本来は税理士に相談すべき問題ですから、ここでは別の視点も含めてご説明します。

まず、山林の譲渡に伴う税金には、不動産取得税、登録免許税、贈与税があります。贈与であれ売買であれ、不動産取得税は必要ですし、名義を変更するには、税率が若干変わるものの登録免許税も必要です。そうなると、贈与税の額と売買の代金をどう考えるか、の話になるでしょう。

その山林の評価額が110万円（贈与税の基礎控除額）以下なら、贈与税はかからないことになります。110万円を超える場合は、1年間に110万円以内となるよう数年にわけて持ち分を何度も贈与したり、複数人の共有にして贈与する（2人での共有なら、1年に220万円以内の贈与を受けられる）、などを活用することもあります。

なお、評価額２００万円の山林を１００万円で売買すれば、残りの１００万円分を贈与と見なされたとしても、贈与税の基礎控除内に収まる、という考え方はできます。

一方の売買の場合は、相手の負担を少なくしたいと考え、例えば評価額２００万円の山林を１万円で売却した、としましょうか。当事者双方が納得すれば、契約としては成立します。ただし、それを税務署がどう見るかは別の問題です。市場価格から大きく乖離しているなら、その差額分の贈与を受けた、と考えられても仕方ありません。相手との関係が強いほど、つまり相手に贈与してもいいという関係が濃いほど、いろいろな問題が予想されます。

ですから、形だけの代金のやり取り、非常に安価での売買は、親しい人たちほどお勧めしません。登録免許税の税率は贈与よりも売買のほうが低いので、「形式上は売買にしているが、贈与時の登録免許税を免れるためではないか」と見られないとも限りません。このこともあり、当事務所では、見かけ上の売買契約とわかった依頼には応じないようにしています。

売買代金は収入となりますので、所得税の申告も必要になります。それを面倒と感じるなら、なおかつ信頼できる相手だから無償でもいいとお考えなら、贈与を検討しても良いと思います。

Q　Ｉターンで林業を志す若者に、山林を譲りたいと考えています。生活に余裕がなさそうですし、贈与で良いでしょうか？

A　一般論で言えば、いったん貸すか、買い戻しの特約を付けた売買をお勧めします。

その若者が将来も信頼できるとお考えなら、前述の通り贈与で差し支えないでしょう。さらにここでは、少し冷静な視点も交えてのご説明を加えてみます。

その若者が、熱意は感じられるものの、ずっとここに腰を落ち着けて山に携わってくれるのかどうか、将来の見通しがよくわからない、というケースで考えます。

この場合の心境としては、「山を譲ることはやぶさかではないが、他人に転売されたり、地元住民に迷惑がかかる使い方はやめてほしい」ではないでしょうか。これに法的な形で答えるとすれば、貸す（登記で貸借権を設定する）か、買戻（買い戻し）特約を付けた売買で登記をするか、の二つが昔からあるやり方として考えられます。

買戻特約を付けた売買とは、売買契約による所有権移転登記を行う際に「買戻特約」を付けて登記するものです。この特約により、当初の売り主は売った金額を買い主に払って強制的に山を買い取ることができます。所有権はすぐ買い主に移転するものの、有効期間内（最大10年間）は「様子見」ができる、という考え方です。一般的には担保の代わりに使われる登記ですが、「山を大切に使ってほしい」「地元以外の人に転売しないでほしい」という気持ちを登記で形にすると、このようになります。もともと担保に使う登記なので、売買代金を長期の分割払いにする代わり、代金の支払いが滞ったら買い戻してしまう、という目的にも最適です。

将来、ある条件を満たしたら所有権が移転する、つまり山が若者のものになるという契約をして登記をする、ということなら売買でも贈与でもできます。しかし契約時にわかりやすい、希望に合った条件を決めておくことが必要になります。この条件設定が難しくなる可能性があるので、買戻の権利を使うかどうかは完全に売り主次第としたほうが簡単です。

贈与では買戻のように強制的に元に戻す特約の登記ができませんので、一般論で言えば右記のようなお答えになるでしょう。他にも民事信託（後述）や法人設立などの手法も考えられ、地域で山を管理するには理想的ですが、大がかりな手続きになります。その点、買戻特約を付けた売買は、シンプル・安価に行える手続きだと思います。

Q　売買や贈与に当たって、気をつけるべきポイントは？

A　後々のトラブルを避けるため、売買・贈与に当たっての条件を双方で決め、契約書を取り交わしましょう。（山林の状況に応じて）双方の責任を明らかにすることがポイントです。

無償であれば贈与（※）、いくらかでもお金をもらえば売買の契約になります。どちらの場合も、山林の現状をできるだけ正確に伝えるために契約書を作りましょう。その結果わかった、不正確あるいは問題がある部分にどちらが責任を負うかをよく話し合って調整してほしいのです。

※贈与を受けた人が、代金の支払いとは違う義務を負う贈与契約もできる（負担付贈与　民法第５５１条）。家族間の贈与ではよく検討される。

例えば、「境界がはっきり確定していないが、それを承知で買ってもらえないか」というケースはあると思います。「稜線が境界らしいが、不確かなので３ｍ内側から植栽している」といった場合もあるでしょう。

このような場合でも贈与・売買は可能ですが、契約締結後に相手方から「境界が不明だったために不利益を被った」という理由で契約の解除、あるいは損害賠償を請求される恐れがないとも限りません。ですから、〝境界が不確かであることを双方が承知した上での契約であり、そのことに起因する責任は（譲受側・譲渡側の）どちらかが負う〟という趣旨の特約条項を契約書に明記しておくべきです。

これは境界に限った話ではなく、あなたと相手のどちらが責任を負うかを明確にしておくという意味です。その条件に相手方が合意してくれさえすれば、契約は成立します。

（次の「瑕疵担保責任」もご覧ください）。

Q　売買契約では瑕疵《かし》担保責任という言葉を聞きますが？

A　瑕疵担保責任を負わない契約も可能です。

贈与契約書の書式例

贈与契約書

贈与者を　鈴木太郎とし、受贈者を田中一子とし、以下の贈与契約を締結する。

第１条　贈与者は受贈者に対し、本日、後記の不動産を贈与し、受贈者はこれを受領した。

第２条　本件不動産の贈与に伴う所有権移転登記の費用は、○○○が負担する。

第３条　本件不動産の固定資産税その他の公租公課は、平成○年○月○日に支払日が到来する分以降、受贈者が負担する。

第４条　（特約）

本件契約の締結に際し、贈与者は受贈者に次のことを説明した。
受贈者はこれを承諾して、本件不動産を現状有姿にて引き渡しを受けた。

・本件不動産は隣地と境界を確認しておらず、実測面積は不明である。
・本件不動産は隣地（地番○○○番）との境界について、別紙の通り境界を確認した。
・本件不動産の（位置・境界・面積・植生など）現在の状況は不明であり、受贈者が調査する必要がある
・贈与者は本件不動産について、別紙の通りの施業委託契約を設定した。受贈者はこの契約に伴う権利義務を承継する。
・本件不動産には保安林指定がなされており、立木の伐採には許可を要する。
・本件不動産には別紙の通りの抵当権の登記が残存している。

贈与後にトラブルが生じないよう
山林の現状について
特約として記載した例

不動産の表示

所在　○○市○○
地番　○○○番○○
地目　山林
地積　○○○㎡（ただし、土地上の立木・工作物の一切を含む）

上記の通り契約が成立したので本書を２通作成し、贈与者と受贈者が各１通を所持する。

平成○年○月○日

受贈者　○○市○○　○丁目○番○号　田中一子　（実印）

贈与者　○○市○○　○○○番○○　鈴木太郎　（実印）

—注意事項—

第２条以下の条件を妥当に調整してトラブルを防ぎます。

第４条は山林特有の事項を想定したものです。特に、施業委託契約等については、契約書が別にあると想定されることから、コピーを取って（別紙にして）本契約書に綴り、割り印して相手に渡せばいいでしょう。無効な抵当権等が残っている場合も同様に、登記事項証明書のコピーを添えます。

林地のみ・立木のみの譲渡も可能。持ち分（割合）を贈与することも可能です。

登記原因証明情報の書式例

登記原因証明情報

1．登記申請情報の要項

（1）登記の目的　所有権移転

（2）原因　平成○年○月○日贈与

（3）当事者　権利者　○○市○○　○丁目○番○号　田中一子

義務者　○○市○○　○○○番○○　鈴木太郎

（4）不動産の表示

所在　○○市○○

地番　○○○番○○

地目　山林

地積　○○○㎡

この登記原因証明情報とは別に贈与契約書を作成する場合、不動産の表示や日付などに矛盾が生じないようにします

2．登記の原因となる事実または法律行為

（1）鈴木太郎は田中一子に対し、平成○年○月○日、上記の不動産を贈与し、田中一子はこれを受諾した。

（2）よって、本件不動産の所有権は、同日、鈴木太郎から田中一子に移転した。

平成○年○月○日

○○法務局○○出張所　御中

上記の登記原因の通り相違ありません。

権利者　○○市○○　○丁目○番○号　田中一子　（実印）

義務者　○○市○○　○○○番○○　鈴木太郎　（実印）

―注意事項―

法務局に提出するだけのために登記原因証明情報を作成した場合の例です。贈与によって所有権が移転したことを証明する書類ですので、贈与以外の約定は書きません。

契約書ではないので、当事者が手元に残しておくことは想定していません。

この登記原因証明情報を作成する場合、登記の手続き上では贈与契約書があってもなくても構いません。贈与契約書を作成する場合は、不動産の表示や日付などに矛盾がないようにしましょう。

瑕疵（かし）とは、端的に言うと欠陥や欠点のことです。売り主が〝欠陥〟に気付かず、売買したものが「通常期待される品質」を持っていなかった場合、売り主が責任を負う。これが瑕疵担保責任の考え方です。

しかし、山林の売買を考えてみると、例えば、山主としてきちんと管理・施業してきた山でも、本人が気付かないところで虫害が発生していて、立木の価値が期待ほどではなかった、という場合もあると思います。この場合も、立木の状態について売り主が責任を負わない、平たく言うと〝買った後に一切文句を言わない〟という特約条項を入れておくことで、トラブルに発展することを防げます（118頁参照／贈与契約書の書式例）。

このように、契約書にその山林の現状に合った特約条項を盛り込むことが重要です。かといって、買い主に一方的に責任を押しつける内容では契約が成立しないでしょう。双方の責任をどれだけ調整できるかを考えていきたいですね。

私が売買契約書を作成する場合も、トラブルを未然に防ぐためこのような特約条項を契約書に盛り込んで、双方納得の上で契約を結んでもらっています。

Q　伐採業者に土地ごと山林を売却する場合に、気をつけるべきポイントは？

A　前述の、近隣の林家への売却時と同様にお考えください。ただし、よりシビアな条件となるでしょう。

相手が事業者となれば、許容してもらえる範囲は狭まってくるでしょう。境界確定、価格、買い主に不利な登記の抹消など、よりシビアな条件となってくるでしょう。

Q　双方の責任の調整が重要だとわかりました。その他に、譲渡する側が留意することは？

A　山林に付随する義務や契約の有無を確認してください。

その他のポイントとして、その山林に付随する義務や他の契約の有無を確認することです。例えば、間伐などの補助事業を実施した山林であれば、譲渡を制限する要件があるか（例えば、実施後5年間は譲渡できない、など）、保安林に指定されているか、森林組合との施業委託契約があるかなどを調べてください。

それらによって伐採などの制限が生じる、あるいは生じる可能性があるので、事前に確認した上で、特約として契約書に記載してください（116頁参照）。

Q　その他に必要な手続きや届出はありますか？

A　森林法に基づく届出のほか、一団面積1ha以上の売買の場合は国土利用計画法に基づく届出が必要です。

贈与や売買、相続などにより、新たに山林（地域森林計画の対象森林）の所有者となった方は、面積の大小に関わらず、森林法に基づく届出が必要です（市町村役場へ）。この手続き自体は、登記に至る書類が揃っていれば簡単にできます。

一方、一団面積が1ha以上の山林（都市計画区域以外）の売買では、国土利用計画法に基づく届出が必要になります（受付は市町村役場へ）。この届出を行った場合は、森林法に基づく届出は不要とされています。

Q　自治体や法人などに山を寄付することはできますか？

A　現状では難しいのではないでしょうか。山林を引き取る受け皿の仕組みが待たれますね。

この質問をよく受けるのですが、相手がそれを望んでいるのなら別として、現状ではまず無理ではないでしょうか。

平成28年の経済誌に出た話題に、山林の相続放棄に言及したものがありました。街の人には、山の価値はわからないのかもしれません。

いらない不動産だけを選んで相続放棄することはできません。このため、価値のある住宅や預貯金は生前に譲り受けておき、山林だけ残して全相続人が相続放棄するとどうなるか？　といった話題が関心を集めています。

法律上は、相続放棄後の山林にも管理責任が生じます。しかし、自分は相続放棄したから責任を免れると考える人が隣地の所有者だったり、残っている登記の権利者だったらどうでしょう。測量や境界の立会に協力が得られない、登記を抹消したくても連絡がつかない事態の増加は想像に難くありません。

こうした状況でも山林の名義変更は制度上可能ですから、柔軟に考えることが、山林を譲りたい人にもその相手にも可能性を開くかもしれません。

平成30年1月から始まる通常国会に、林野庁は新たな森林管理システムの根拠となる法案を提出しました。山林の所有者が市町村に山林管理を委託できる制度が導入され、市町村は管理を委託された山林を、他の林業経営者に再委託することが想定されています。寄付とは違って山林を手放すわけではなく、固定資産税の負担も免れられるわけではありませんが、この制度の導入後は管理の負担が軽減される可能性があります。

ここをチェック！

本人申請の落とし穴

相続登記を自分たちで行ったケースでのトラブルです。

登記を司法書士などに依頼せず、自分で行うことを「本人申請」と言います。「登記が安く済むから」という理由で、相続登記を申請する兄の言うままに書類に捺印した人がいました。ところがこの書類は、兄に不動産が集中する内容の遺産分割協議書だったのです。このことが、法務局で申請書類を閲覧した際に発覚。兄はほかの兄弟に「代わりにお金を渡すから」と言って捺印させたようですが、登記が済んだとたんに「そんなことは言ってない。金もない」と言い出した……というわけです。こんな場合、兄が非を認めて穏便に解決できそうなら、相手と調整して不動産の名義を修正できますが、抵抗されるなら法的に争うしかありません。弁護士に依頼すれば費用も数十万円～という世界です。

解決にかかる費用は自己負担になりますから、こうしたことは「やられたら負け」です。本人申請は費用をかけずにできて確かに良い面もあります。しかし、身内を信じ切ってよく理解できない書類に捺印するのは危険です。筆者も、本人申請が可能ならお勧めしてはいますが、だからといって無批判で推奨するものではありません。

本人申請に関連する話題をもう一つ。これまで本書で見てきた通り、登記済証（権利書）、印鑑証明書、実印を押した委任状が揃えば、名義変更の登記が可能です。身近な人がその気になれば、本人の知らない間に不正に登記申請することも容易だ、とわかりますね。

　これを防ぐため、登記済証や登記識別情報を破棄する、発行を求めないという方法を主に高齢の方に提案することがあります。これがなければ、登記申請では本人限定受取郵便で事前通知がくるか、司法書士による本人確認情報作成（本人との面談を要する）を使うことになるため、相手が犯罪者でもないかぎり不正な登記はできません。そこまでしなくても、権利書を封筒に入れて自筆で封印する、ときどき状態をチェックするというのも財産管理の工夫です。

合筆・分筆 編

隣接する複数の土地を１筆にまとめることを「合筆」、反対に１筆の土地を複数筆に分けることを「分筆」と言います。いずれも登記が必要です。

共有状態の解消や相続人への分配のために分筆はしばしば検討されます。この費用対効果についても説明していきましょう。

合筆と分筆──メリットとデメリット

地番の異なる土地をひとまとめにして一つの地番（1筆）の土地とすることを「合筆」と言います。その反対に、1筆の土地を分割し、複数の地番を与えることを「分筆」と言います。いずれも、登記の手続きが必要となります。

ここでは、合筆と分筆のあらましと、所有者にとってのメリット・デメリットをご紹介します。

Q　合筆とはなんですか？　どうやればできますか？

A　複数の土地を、1筆の土地として登記するのが合筆です。次の条件があります。

合筆する（合筆登記する）には、その土地に関していくつかの前提条件があります。次の五つをすべて満たす場合に合筆が可能となります。

①隣り合っていること

土地同士が離れている場合や、二つの土地の間に川や道路があって分断されている場合は、合筆はできません。公図上でも地理的にも、くっついていることが第一です。

②同じ地目であること

登記簿上の地目が山林なら、合筆できるのは山林となっている土地だけです。現況がスギ林であっても、畑、宅地など、他の地目の土地とは合筆できません。この場合、いったん地目を山林に変更できれば合筆が可能になります。

③所有者が同じか、または同じ共有持分割合であること

まず、それらの土地が同じ所有者であること。複数人で共有する土地であれば、共有持分割合が同じである土地なら合筆が可能です。例えば二つの土地があり、どちらもAさん・Bさんが1／2ずつ、つまり同じ共有持分割合で所有している状態です。

④抵当権等の担保権は設定されていないか、同じ権利が設定されていること

2筆を合筆する場面で考えましょう。片方の土地には、A銀行から融資を受けた際に担保と

して抵当権が設定されている。もう一つの土地には何もない、あるいはB銀行の抵当権がある。この状態では合筆はできません。もう一方に同じ抵当権が設定されている場合は合筆できます。

⑤同じ字（あざ）の土地であること

字を越えて合筆はできない、という決まりがあります。

Q　合筆の登記は自分でもできますか？

A　できます。

相続登記が本人申請可能であるように、合筆の登記も可能です。ただし、本人申請の場合は、法務局の現地調査があろうかと思います。不動産登記のうち、「表示の登記」と言いますが、合筆・分筆・地目変更のように土地の形や見た目が変わることに対して申請の代理や測量を行うのは司法書士ではなく「土地家屋調査士」になります。

なお、一般的な造林地などの合筆を自分で申請する場合は机上作業のみでほぼ完結します。地積測量図の添付は不要のため測量もほぼ行われず、手続き上は隣接地の所有者（境界問題）

を考慮する必要がない、というのが分筆登記との大きな違いです。

Q　合筆のメリットはなんですか？

A　物理的に筆数が減るので、その後の登記の費用が節約できます。ただし、もともと筆数が少なければ効果は薄いでしょう。

前述した合筆できる条件を考えると、地続きで、同じような性質をもっている土地となります。多くの場合は、意識せず一体として使っている土地でしょう。それをあえて一つにするメリットを考えてみましょう。

まず、その後の様々な登記の時に登録免許税や司法書士への手数料が減ることが挙げられます。ただし、1筆当たり1000円～2000円の世界です。たくさんの山をお持ちで、例えば50～60筆を20～30筆にまで減らせるのならともかく、そのためだけに費用をかけて合筆するメリットはあるでしょうか。

私から見れば、合筆そのものは客観的に見て不要な案件が多いのです。事実上、一体として利用できている土地なら、二つの土地の間に目に見えない筆界線（登記上の、土地の境界線）があるだけの話で、特段の問題はないのではないかと思います。

Q　分筆とはなんですか？　どうやればできますか？

A　1筆の土地を、複数の地番に分割して登記することを分筆と言います。本人申請は難しい手続きとお考えください。

地籍調査が済んでいる山林であれば話はまた別なのですが、分筆においては確定測量を行って、しかも隣接地所有者の確認の押印を得ていく作業が必須です。ここが分筆登記の非常に重要な工程です。これらのため、土地家屋調査士に依頼することが一般的です。

「隣接地の所有者がわからない」という山林でよくある状態を前提とすると、土地家屋調査士に依頼して着手、隣接地の所有者が判明したものの、相続登記未了、相続人の遺産分割協議も未了で誰も境界立会に出たくない、という状態が1件でもあれば、そこで止まってしまうことも考えられます。やりたいけど、隣接所有者の問題で止めざるを得なかったり、頓挫する可能性があったりと、それが分筆登記の難しいところです。

もう一つには、分筆登記では「地積測量図」という図面を作ります。そのための測量によってわかった地積（面積）が、山林では登記上の地積と異なっていることが非常に多いのです。その場合、地積更正といって、登記上の地積を変える手続きも同時に行わなければなりません。端的に言えば、数十万円の費用がかかるということです。

Q　分筆のメリットはなんですか？

A　山林の面積が少ないほど、メリットを見出すのは難しいでしょう。

山林の分筆が想定されるケースは、1筆の山林を分筆して長男・次男に与えたい、それぞれが責任をもって経営してほしい、という状況が考えられます。しかし、経営上で本当にその必要があるでしょうか。これが市街地の話なら、わざと相続税の評価額を下げるために分筆を行うこともありえますが……。

山林の分筆を検討される場合は、得られるメリットと必要な費用と手間を総合的にご検討ください。

分筆で狭くした土地は一般的に、分筆前より価値が落ちます。土地の価値がもともと低ければ測量費用が無視できません。相談中に「お金をかけてまでやるメリットは？　同じ金額で別の山が買えるのでは？」と言うと、たいてい「確かにそうだ」となります。

ここをチェック！

名義変更を依頼したら――司法書士の費用は、いくら？

業界団体（日本司法書士会連合会）が実施したアンケートから、所有権移転登記にかかる司法書士報酬の平均額と、低額な回答をした10％の集団の平均額をご紹介します。

【条件】

土地建物各1個　評価額1０００万円（山林なら2筆・同1０００万円と同じです。1筆の場合は、数百円～数千円減少します）

相続 （登録免許税 4万円/国税）	贈与 （登録免許税 20万円/国税）	売買 （登録免許税 15万円/国税）
全体の平均	全体の平均	全体の平均
約59,000円	約40,000円	約44,000円
低額側10%	低額側10%	低額側10%
約32,000円	約23,000円	約26,000円
遺産分割協議書作成を含む	贈与契約書作成を含む	売買契約書作成を含む

銀行での決済、事務所外への訪問、所有権移転以外の登記の費用、税金は含みません。

出典：日本司法書士会連合会　報酬に関するアンケート（平成25年）
関東地方の数値

司法書士によって費用に違いがあることがわかります。費用のほかにも、話をしっかり聞く人か、説明がわかりやすいかなど、相談のときの印象も大事にしてください。依頼人が希望する手続き以外に適切な提案ができるかどうかも、良い専門家として重要ではないでしょうか。

同じ条件で筆者の事務所が見積もった費用はというと、相続・贈与・売買とも全体の平均と低額側10％の平均の間におさまっています。

意思表示が難しくなった後や相続後にも
自分の意思を反映するために——

後見・信託 編

認知症となった後や相続後も山林をきちんと管理していってほしい——。その思いに応えてくれる制度がいくつかあります。

Q　自分が認知症になった場合に備えて、自分の意思を反映した山林管理を継続させる手段はありますか？

A　任意後見・法人・信託などの利用が考えられます。お元気なうちに準備を始めていただけませんか。

このお尋ねは、
・山林の管理などを、
・誰かが本人に代わってできるようにしたい
・ただし勝手なことはさせたくない

そんな方法はないか、ということでしょうか。本人が生存中と死亡後に分けて考えていきましょう。山林の管理や売却に伴う「契約」を当初の所有者に代わってする方法には、どれも一長一短があります。

山を守ってほしい、と遺言で伝えただけでは、実現するかどうかは相続人次第です。生前贈与も同じです。

なぜなら、いったん相続した山林を放置したり売り払うのは相続した人の自由だからです。山林を売る、施業を委託するといった個々の契約を結ぶか結ばないかは、山林の所有者自身が決めるのが原則です。

息子が親の希望に沿って財産を適切に管理してくれれば、それが簡単であり理想的です。しかし、必ずしもそうなるとは限りません。これから説明する制度はどれも、自分の財産の管理のために「どんな人に参加してもらうか」が非常に重要なのです。

その次に重要なのは「参加させる人が本人の意志に逆らうことを防ぐ仕組みがあるか・作れるか」です。

「自分が認知症になった場合に備えて、自分の意思を反映した山林管理を継続させる手段」にはいくつかが考えられます。以下に、任意後見、法人、信託といった制度の概要をご紹介します。

Q 「後見」とはどんな制度ですか？

A 自分の意思を示せなくなったときに、選任した後見人に権限を持たせられる制度です。成年後見には、法定後見と、任意後見があります。

山林の管理に関する個別の作業を誰かにしてもらうには、まず森林組合その他の企業・個人と施業委託などの契約を交わす必要があります。

契約に際して自分の意思を示せなくなったときに使える「成年後見」の制度をご存じの方も多いでしょう。これは認知症などで意思表示が難しくなった後、家庭裁判所が後見人、または本人の状況に応じて保佐人や補助人を選任する制度です。家庭裁判所が選任する成年後見人の役割は、本人の財産を維持したり、本人のために介護などの契約をする、あるいは契約に同意したり取り消すことなどが法律で決まっています。

裁判所が選任する成年後見人は「立場や仕事の概要は、法律や裁判所が決める」のに対して、「寝たきりになる前に、誰を後見人にするか、後見人の仕事の内容も自分で決めておける」のが任意後見契約です。

任意後見契約は、本人が自分で意思表示ができるうちに、後見人になる人を選んで公正証書で契約を結び、将来の後見人の役割を定めておくものです。この点に、裁判所が選任する成年後見人との大きな違いがあります。任意後見契約締結後に本人が寝たきり等になるのは数年後かもしれませんが、そのときから任意後見人は事務を始めます。

家族や、時には士業から選任した後見人が本人の財産を横領する事件は、残念ですがときおり報道されます。どんな制度を使うにせよ、誰か1人に管理を任せることについては慎重な検討が必要です。

Q　元気なうちは、使える制度はないのですか？

A　普段、口約束でしている「委任」や「代理」がこれに当たります。

誰かに何かの代理を頼む、頼まれて受ける、これも契約の一種です。委任契約と言い、本人が元気なら自由に頼んだりやめたりできます。

親が所有の山林について、毎年発注する作業があるが、自分では業者を選ぶのも面倒だ、という場合を考えてみましょう。親から息子に、代わりに業者の選定・発注をさせたり作業に立ち合うよう「頼む」のも、委任契約の一種です。口約束ではありますが息子は親の代理人として、業者と有効な契約を結んでいます。

これを例にして続けます。親が元気なうちは、息子に契約の代理を1回頼んで1回だけ業者に発注をかけてもらう、そんな委任と代理を1回ずつ毎年続けることができます。

問題は親本人が寝たきりになった後です。今年も頼む、と本人はもう言えないので、息子は代理人として振る舞うことができなくなります。しかし、任意後見契約を準備しておけば「森林の施業の発注や林地の売買をすること」を任意後見人の仕事として定めておくことができます。本人が元気なうちは、その都度頼まれて契約締結を代理できます。寝たきりになっても任意後見契約で決められた範囲内でなら、業者との契約を任意後見人が本人に代わって行い、山林の管理を続けてもらえるのです。任意後見契約が結ばれていることは登記され、法務局から証明書を取得できる点は、裁判所が選任する成年後見人と同じです。

権限を示す公的な書類がある点に、単なる代理人と後見人との違いがあります。林地所有者との契約に応じる企業、森林組合などの側では安心できる要素になるでしょう。

Q　自分の遺志を死亡後も生かす制度は、遺言の他にありますか？

A　法人を作ったり、信託契約の利用が考えられます。これらは元気なうちから続けて使えます。

後見人の仕事は本人が死亡すると終わるため、死亡後の問題は別に考える必要があります。資産家の方の遺志に沿って財団法人を設立して事業を行う、というのをどこかで聞いたことがあるかもしれません。株式会社などの会社も、法人の一種です。

法人は普通の人間と違って事故や病気では死にません。法人に財産を移せば、突然に経営者が代わったり財産が分散することへの対策になります。また、法人はその目的や経営に関わる人の選び方を設立時に決めておくことができます。経営者やそれを監督する人を上手に定めることで、しばらくは法人設立者の意向にそった活動をさせられるでしょう。

しかし、会社や一般社団法人なら定款を変更することができるため、法人を作った人の死亡後に関係者が結託すれば法人を作った人の意思と違うこと、例えば法人所有の林地を売却することもできてしまいます。株式会社なら、創業者から株を相続した株主たちは資産売却や会社の解散を決めてもいいのです。法人化も万全の策ではありません。

これから説明する「信託」は、次の2点で法人設立に似ています。
1. 信託を始めたい人は、財産を別の人に渡し、いったん手放す
2. 以後、別の人が財産を管理する

信託を利用すると本人が死亡したあとも最初に決めた財産管理の方針を守るようにできます。この点に、法人化その他の制度と信託との大きな違いがあります。

信託は、財産を提供する人（委託者）が財産を管理する人（受託者）に、財産を管理させる契約の一種です。財産を管理してもらうことで利益を受ける人を、受益者といいます。財産管理の方針は、託された財産を売ってしまうことや残った財産を将来誰に渡すかまで含めて自由に決められるため、受益者は委託者と同じことも違うこともあります。

我が国では、事業として信託の受託者になれるのは信託銀行だけだった時期が戦後長く続きました。平成16年以降の信託法・信託業法改正後は信託業を営む会社が作れるようになったほか、例えば親の財産について息子が受託者になる、つまり信託業者や信託銀行を受託者にしない「民事信託」への関心が芽生えてきました。

信託の特徴は、内容を個別に決められる柔軟性です。本人が元気なうちから誰かに山林の管理を任せられて、死亡後も所定の方針を維持できる点は特に魅力的ですが、それだけに契約の内容を適切に定めなければならない難しさがあります。

思いを確実に繋ぐ「信託」

「わたしは58歳、会社員です。20町歩ほどの山を相続し、亡父がスギを植えて40年ほど経ちました。息子も会社員ですが、ときには山を見てくれます。例えば今から息子に管理をまかせて、20年~30年後くらいに息子の判断で主伐できるような決まりにはできないでしょうか。もし、そのときにわたしがこの世にいなければ、山は息子に譲るので再造林したあとの収入を半分、妻に渡してほしいのです」

そんな思いを、遺言より確実に実現するのが「信託」です。森林組合が扱う森林の信託も今後普及が期待されるほか、ご家族に管理を託す民事信託はすでに導入できる手法です。

「民事信託」とは

「信託」と言う言葉自体はお聞きになったことがあると思います。信託銀行などが代表ですが、彼らが行う信託業務は商事信託と呼ばれます。お金や不動産の持ち主（委託者）は信託銀行に財産を託し、受託者である信託銀行は財産の管理や運用を行うことによって信託報酬を得る、が典型です。商事信託では、受託者になれる条件が厳しく、一般の人は受託者になれません。森林組合は森林を信託財産とする信託の受託者になれるのですが、実施例は残念ながらまだ少数に限られています。

信託の根拠法は「信託法」です。2007年の法改正によって、営利を目的としない（業として受託しない）のであれば、一般の方でも受託者になれるようになりました。これが「民事信託」です。財産管理に委託者の意思を反映しやすいため、家族内での財産管理・事業継承手法として注目されつつあります。

後継者に確実に山林を託すことを考えてみましょう。

まず、遺言では、自分の死後にどのように管理するかまでは法的に制限できません。もちろん多くの場合、故人の意思を尊重して管理・経営がなされるはずですが、例えば山林の相続登記が済んで新たな所有者となった瞬間に売り払われても、それを制限できません。生前贈与も

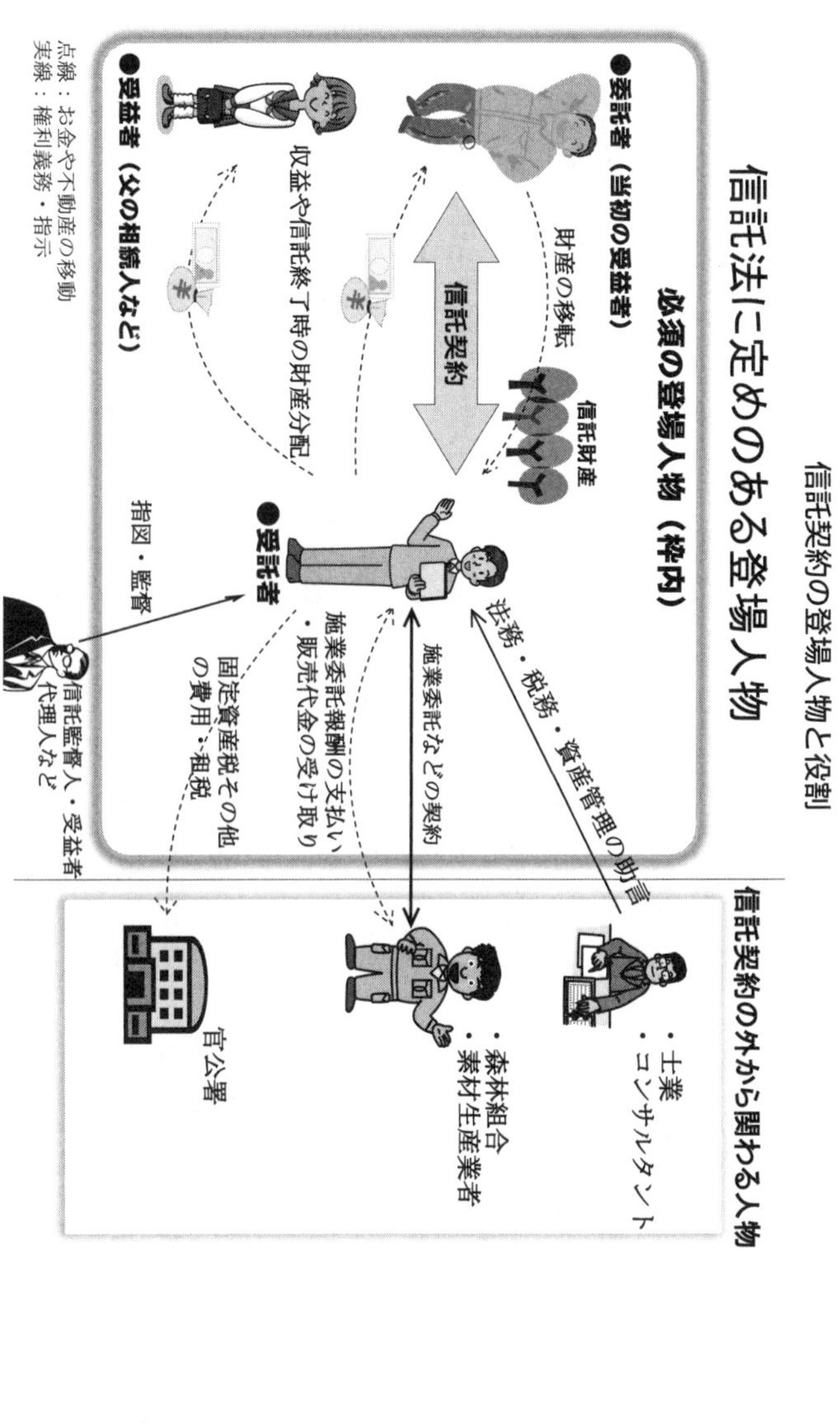

信託契約の登場人物と役割
信託法に定めのある登場人物
必須の登場人物（枠内）
●委託者（当初の受益者）
財産の移転
信託財産
信託契約
●受託者
●受益者（父の相続人など）
収益や信託終了時の財産分配
指図・監督
信託監督人・受益者代理人など
法務・税務・資産管理の助言
施業委託などの契約
施業委託報酬の支払い
・販売代金の受け取り
固定資産税その他の費用・租税
信託契約の外から関わる人物
・士業
・コンサルタント
・森林組合
・素材生産業者
官公署
点線：お金や不動産の移動
実線：権利義務・指示

同様です。

一方、民事信託では、山林をどのように施業・管理するか、山林から得られる利益を誰にどう渡すか、誰がいつまで管理するか、など、委託者の意志を限りなく自由に盛り込めます。長期間の管理が前提となる山林経営には親和性が高い制度だと思います。

山林所有者が家族内で行う民事信託の例

わかりやすく考えるために、145頁の山林所有者の例でご説明しましょう。

父親である山林所有者が、老後に認知症となってしまうことに備え、元気なうちに息子Aに山林を託し、信託を設定する、そんな相談です。

ここでは、父親（委託者）と息子Ａ（受託者）との間で信託契約を結び、その信託契約に定められた内容にしたがって、山林を息子Aにいったん譲り渡します（この時点では贈与税・不動産取得税はかかりません）。父から息子への所有権移転登記は必要です。登記簿には、所有権移転の原因として「信託」と記されます。厳密に言えば息子Aが所有者になるのではなく、財産の管理や処分の権利を持つ者として預かっている状態です。ですから、息子Aが権利者として境界確認に立ち会い、決定する権利も生まれます。父親は山林をいったん息子に譲りますが、契約にしたがって息子にあれこれ言えたり、財産の分配を求められる権利は持っている、という状態になります。財産の分配等の利益を受ける人を、受益者と言います。最初は父親が委託者と受益者二つの立場を兼ねています。

さて、ここから信託の実際がスタートするとお考えください。信託契約の内容は自由なので、例えば次のように定めることもできます。

①山林のすべての施業の発注を可とする
↓間伐や作業道開設、主伐などの施業の契約の決裁権を与える。自分で作業しても良い。
②施業に際しては、事前に指導林家Bのアドバイスを受けること
↓このような形で息子Aの経験不足を補うこともできる。ただしB死亡後の想定も要する。
③土地の譲渡はできないものとする
↓生前贈与や相続では、所有者になった瞬間に山を売却することもできるのに対し、信託の定めによって様々な制限を加えられる。この制限は信託条項として登記できる。
④山林から得られる収益は、まず父親、父死亡後は母親が受け取る
↓受益者や分配方法を定めることができる。受託者1人のみが受益者となる状態を続けることはできないが、受託者も作業に見合った妥当な報酬は受け取ることができる。受益者(こ

こでは、父親や母親）への収益の分け方によっては、贈与税が発生する。

⑤この契約は委託者（親）の死亡後10年間続いて終了する

↓死亡後も自分の意志が生きる。10年間も管理すれば、山をどう扱うか分別もつくだろう、それまではしっかり管理してくれよ、という「様子見」期間にもできる。

⑥契約終了後は、山林は息子A（または他の息子）が相続する

↓指定した人に渡す契約なので、遺言より確実。遺産分割協議も不要になる。遺留分を考慮した契約内容としておけば、争いも避けられる。父親の死亡時には相続税の定めに従う。

このような内容は、自由に設定可能です。主伐だけ20年間禁止とか、2万円/㎥以下で売ってはならないとか、立木の代金は妻に、林地は息子に渡したいとか、そこはもう実にいろいろです。逆に言うと、不適切あるいは実現困難な条件を定めてしまうと、受託者は何もできなくなってしまいます。ここが信託の難しいところであり、計画や実行に当たってやりがいのあるところでしょう。

遺言よりも強力な託し方

普通、親が死亡した時点で相続が発生し、親の権利は子（他の相続人）に移ります。しかし、

信託を設定していれば、その状態を一時的に防げます。例えば、父親（委託者）の死亡後も10年間、息子A（受託者）が管理を続行し、その間に得られる収入は息子B（受益者）に渡す、という信託が可能です。10年後は信託終了にして、この山林を息子Aに持たせるということも構いません。信託終了時に財産を誰に渡すかは、信託契約で決められるからです。

別の条件として、息子Bが死亡したら時価で山林を売却し、息子Bの法定相続人に法定相続分で売却益を分配する、と定めることもできます。売却金を分配せず、さらに山林を買うように定めることもできます。

もしもこの信託がなければ、父親の死亡と同時に、山林は息子A、Bの財産になってしまいます。仮に、息子Bが放蕩息子だったら、遺産を受け取った瞬間に処分されてしまう可能性もあります。それは相続で財産を得た以上、仕方がありません。

受託者である息子Aが放蕩息子だったら、と考える人もいるでしょう。民事信託では受託者に強い立場を与えるため、この人がしっかりしていることや契約でできることを制限するのも重要になってきます。信託契約では、受益者に代わって受託者を監督する信託監督人や、林地売却など特定のことに限って受託者に指図や同意を与える指図権者をおくことができます。この点、森林組合が受託者なら個人より財務上も、また社会的にも安定した信用できる立場になれることは当然です。この点が、森林組合が受託者になる信託が期待される理由です。一方で森林組合による信託が森林以外の財産、例えば自宅や株式といった財産を引き受けられない点は今後も変わらないでしょうから、財産の内容や契約の条件を自由に決められる民事信託の長所は森林組合による信託が一般的になっても続くはずです。

死亡後の財産をどうしてほしいかと定める方法として、一般的には遺言がありますが、遺言はせいぜい自分が亡くなった直後のことしか決めておけません。自分が生きているうちから開始でき、亡くなった後も長期に渡って財産の管理、あるいは財産によって利益を得る人を定めておけるところに民事信託のメリットがあると考えればいいでしょう。相続税は、父親が死亡したタイミングで発生します。父親が生存中に信託を終了させて財産を他の人に渡したり、収益を他の人に分ける場合には、生前贈与と同様に贈与税が発生します。信託でも税務上の相談・検討は、極めて重要なのです。

民事信託の可能性—地域の山を管理する組織

委託者から財産を託された受託者は受益者のために管理を行う、営利を目的としないといった法律の範囲を逸脱しなければ、民事信託を家族外へ応用することも可能です。

あくまでも仮想の状況ですが、こんなことも考えられます。

ある集落に、住民たちが所有する山林がまとまってある。しかし、誰も境界がわからず、今後も確定が困難を極めるだろう。施業も処分もままならないし、状況は悪くなる一方だ。誰かやってくれないか。みんな困っている。こんな状況を考えてみてください。

この時に、集落内に一般社団法人を一つ設立し、所有者それぞれが委託者兼受益者となって、設立した一般社団法人を山林管理の受託者とする民事信託を設定します。その後、一般社団法人がその山をまるごと管理下において森林組合に施業を発注し、収益が発生したらあらかじめ信託契約で定めた割合で受益者に分配する。そのうちに村役場が地籍調査に来たら、もちろん一般社団法人から担当者をだして対応すれば調査は粛々と完了、ということになります。一般社団法人が受託者である以上、土地の調査への対応は元々の所有者（委託者）が関与しなくてもできますし、元々の所有者もそれを望んでいるという状況ですから。

これは極論ではなく、民事信託の可能性の一つとしてご紹介しました。山林を所有していても管理が難しい、関心がないという方が多いのなら、管理できる組織に権利を移してしまってもいいかもしれません。山林を預かる受託者は、林地売却などの処分はしないものの、管理やそのための契約の発注を行い、収益が発生したら公簿面積など所定の割合に応じて分配する。

相続が発生したら、権利（受益権）は法定相続人が引き継ぐと決めておく。さらに、信託期間であれば委託者や受益者が死亡しても相続登記の必要もない。つまり相続問題を回避できる、ということになります。その一般社団法人の経営を監視する仕組みは必要ですが、何かあるごとに所有者それぞれの承諾を得て進めるよりはずっと楽でしょう。よくある施業委託と違い、所有者たちが望めば、その法人の代表者に長期的な裁量を与えられるということです。賃貸収入が上げられる共有地について、すでにこれに近い形の民事信託の実例もあります。

地区総出で境界確認作業を頑張って進めたにも関わらず、数年後にいざ施業を行おうとすると、その時の所有者が何人も亡くなっていて、相続問題が発生してはんこがもらえないという問題にも、工夫次第で対処できる制度なのです。

民事信託の難しさ

いいことずくめに見える「民事信託」ですが、難しさもあります。受託者には信託法に定められた義務があります。最も基本的なのは信託された財産を受託者個人の財産と分けて管理する義務、それに信託契約の内容に沿って誠実に振る舞う義務で、これらの点は民事信託だから、親の財産だからといって一切甘く考えてはいけません。もう一つは会計や報告で、受託者は毎年、受益者に報告をしなければなりません。収益が発生すれば税務上の申告も必要です。とは言っても、個人の確定申告や小企業の会計程度の作業なので、税理士の関与や第三者のチェック機能が働くように契約内容を作れば難しくはありません。

最も大きな問題は、信託の内容の吟味と、それに伴う費用でしょう。先述したように、民事信託は自由度が高い反面、想定していなかった事態が生じて機能しなくなる恐れもあります。そのため、一般の方が自分で組み立てるのは容易でなく、むしろプロでも難しい仕事と言えます。現状では、弁護士や司法書士に民事信託の組成を頼むと費用は数十万円から、という世界です。それに見合うメリットを見出せるかは、内容によりけりでしょう。

また、民事信託を誰に相談するかにも難しい面があります。民事信託は様々な士業が扱っていますし、実際に私も手がけたことがあります。司法書士が中心の「民事信託士（※）」という民間資格もできました。しかし私としては、家族内のシンプルな民事信託は別として、弁護士または司法書士、それも民事信託の実績のある人への相談をお勧めします。複雑で多くの人が関わる内容であるなど、争いごとが生まれる可能性がある事案であるほど、どこかで弁護士に関与してもらうことを検討されるといいでしょう。民事信託は委託者とその財産を囲い込んで長期に拘束するようにも設計でき、特に相続に関する部分で不利になる相続人たちと対立が発生する可能性があるからです。

民事信託という制度がスタートしてまだ日が浅いので、これから世の中に普及していく過程を経て、こういった敷居も下がっていくと期待しています。

※民事信託士／一般社団法人民事信託士協会が認定する資格。資格対象者は司法書士と弁護士。「信託業法の適用を受けない民事信託に関して、当事者の依頼により、民事信託に関する相談業務やスキーム構築のほか、受益者保護や信託事務遂行の監督等の業務を行う者としての受益者代理人・信託監督人、信託事務受託者（信託法第28条）を担える者」（民事信託士協会ウェブサイトより）

ここをチェック!

揉める未来が見えていませんか?

当事務所へ相談に見える方々によくあるパターンが、親御さんに認知症の傾向が現れてからの相談です。症状にもよりますが、対策できない可能性が高いので、こちらとしても困ってしまうのです。

例えば、母親は老人ホームに入っていて、まだ会話はできるけど、そろそろ難しくなりそう、父親もどうも会話がおかしくなってきた、などの状態になってから、お子さん方(50~60代)が相談に来られるんですね。

懸案として多いのは、遺産の分配方法と、連絡・交渉が難しい相続人の存在です。遺産については、奪い合いになるケースと押し付け合いになるケース。また、実家(不動産)と若干の預貯金がある場合に、平等に分配できないケース。

連絡・交渉が難しい相続人の存在とは、親の1人が認知症であったり、出奔した兄弟、前妻や後妻の子、父親が認知した子、つまり当事者が事情を知っている相続人です。

これらのどれも、おそらく遺産分割協議が進まない、つまり揉める未来が見えているのです。士業なら全員「こうなることがわかっていながら、なぜもっと早く…」と頭を抱えるケースですが、当事者としては心理的な負担があって難しいこともわかります。

こうなった段階での対策としてご提案できることは、親御さんに遺言能力がありそうなら、少しでも調子の良い時に自筆で遺言を書いていただくこと。自筆の遺言は推奨されない論調もありますが、ないよりはよっぽど良いです。また、字が書けなくても意思能力がしっかりしているようなら、「公正証書遺言」を作ることです。これは、公証人との面談があるので、面談の時に意思がはっきりしていないといけません。

相続人と書類のやりとりが難しい場合も、遺産分割協議では深刻な問題です。例えば、本書でも触れた海外在住の人。最悪の場合は数年単位で先送りにせざるを得ませんが、遺言があれば相続登記はでき、連絡が取りにくいことはむしろ相手に不利になります。

やはり相続対策は、早め早めにしていただくことを常にお勧めします。

困った時のアドバイス

　山林の名義変更、登記にまつわる様々なお悩み。ここまでご紹介した内容よりも、少しだけ難しい問題に対するアドバイスをいくつか挙げてみます。

Q　わが家の山林は登記簿上で3代前の所有者名義となっています。これを私名義に変えたいのですが、名義人から連なる相続人が多数で、遺産分割協議が成立しないことが予見されます。この場合の現実的な解決策を教えてください。

A　個別に「相続分の譲渡」を受け、家庭裁判所に「遺産分割調停」を申し立てましょう。

42頁でご紹介した内容と重なりますが、もう少し詳しくご説明します。この部分は特に他の書籍と異なる箇所で、筆者の経験を総合した私見であることをお断りしておきます。

3代前の名義となると、相続人が多数になりますので、遺産分割協議が成立することは、ほぼ考えなくていいと思います。一般の書籍に書かれているのはここまでです。

ここから先の説明は、山林所有者の方には申し訳ないのですが「多数の相続人で分割すると1人当たりの価値が低く、相続したい人が他から現れにくい不動産」の権利をあなたの手元に集める方法だと考えておいてください。事情を知らない不在地主がたくさんいるような想定です。

第一段階で行うのは、戸籍の付票で判明した全法定相続人の住所にあなたが山林を管理している、他の相続人たちと連絡をとるため調査を始めた、と連絡することです。その目的は、郵便物が届くかどうかで各相続人の状況を把握することと、「他の相続人にだまって共有の山林を使っているわけではない」という立場を取れるようにしておくためです。誰かに言いがかりをつけられないように、ということです。郵便物が返ってきたらその人は所在不明です。この時点で遺産分割協議は当分諦める、ということになります。相手から積極的に連絡を取ってくるのは自分の権利を主張したい人である可能性が高いので、方針決定に時間がかかるということにしていったん放っておきます。

また、今後はこの山の固定資産税、相続人の調査や連絡、普段の施業の発注で持ち出しになった費用など、この山にかかった費用と収益、契約の記録を保管しておいてください。法律上はこうした費用は共有者が持ち分に応じて負担することになっているため、このお金を請求することと相手に支払う代償金とを相殺してしまうようにするためです。

第二段階では、近しい人、知ってる人から順番に「相続分の譲渡」で譲り受けていったほうがいいと思います。今は味方してくれる人でも、放置してその人も死亡すれば相続人がますます増えていくので、状況は悪くなるばかりです。個別にアタックして、「私に譲ってほしい」

という話をして、自分の持ち分を増やしていくということです。しばらくは、できるだけタダで持ち分を集めるのが基本方針です。

第三段階としては、「他の人たちも譲ってくれているので、あなたも手放しませんか」という勧誘を第一段階で無反応だった人に投げかけます。ここで重要なのは「面倒くさいから要らない」という人に、「わたしも費用が持ち出しになったりして困っているんだけど、しょうがないから引き受けるよ」という態度に徹することです。自分にはこの山を占有する権利がある、などと法律用語で言われるよりよほど相手の気分はいいだろう、と容易に想像できるでしょう。手紙の上だけでもいいので、そうした態度を取ることが大事です。

これらを通じて相続分を譲ってもらい、できるだけ持ち分の過半数の取得を目指します。本書冒頭の質問で説明したとおり、持分割合の過半数を持てば、あなたが1人で合法的にできることが増えます。所在不明者がいるなど遺産分割協議不能な状況があるなら、このあたりを目標にするのが現実的かもしれません。

ここから先ですが、他の相続人に定期的に手紙を送り続けて、遺産分割協議の交渉開始にこぎ着けた人を見たことがあります。これに学ぶとすれば、定期的に山の状況を知らせる、ということになるでしょう。これらの作業は自分で、すべて郵便でできるので、お金はかかりません。特にある程度年齢が上の人には、時折送る手書きの手紙は心に訴えるものがあるようです。法律ではなく情念に訴えるこのやり方は筆者も取ることがあり、確かに成果が上がっています。

第四段階からはお金を使うことを考えます。相続分の譲渡を進めていくと、関係者が減っていきます。相続分の価値より低いはんこ代であれば渡す、ということも考えて、残った全員に提案を送ります。最終的に、「どうも話の折り合いがつきそうにない」という人だけが残る状況まで頑張った後は、家庭裁判所へ遺産分割調停の申し立てを行う。という流れだと、大部分のことを自分でできそうです。いかがでしょうか。

あくまでも山林は遺産として共有状態にあるところからのスタートなので、まず初動で他人から非難される可能性を減らせることと、持ち分を増やしつつもし嫌になったらいつでも止められる点に長所があります。実は個別に遺産分割協議書を集めて全員分同じ内容を集めきったら協議成立、とすることもできるのですが、こちらの方針だと最後の1人が同意するまでは、集めた他の人たちの書面はなんの効力もありません。つまりあなたの持ち分は少ないままです。このため、基本方針としては相続分の譲渡を少しずつ受けていくので良いと考えますが、もし全員同意してくれそうならその時点で遺産分割協議の提案をやり直すことを検討します。

そんな連絡をしたら寝た子を起こすだけではないか、というお考えはもっともです。これについては、今後は法務局が相続未登記の土地を調べて、相続登記を促す制度の導入が検討されているようです。つまり、こちらが黙っていてもよその人が知ってしまう可能性が今後数年で高まっていくことになってしまいました。

山林の価値に見合う代償金を支払えるのなら、「相続分の譲渡」にこだわらず、家庭裁判所に遺産分割調停を申し立ててもいいでしょう。これは、裁判所での調停が不調に終わった結果として、審判が示されること、その時点までに代償金の支払い能力をチェックされることまでを見越したものです。この場合、山はあなたが相続するとしても、抵抗する他の人たちにはなんらかの代償金を払って、法定相続分に近い形に収束させられると考えていいでしょう。不動産は分筆しないと各人に相続させられないので、1人だけが相続しようとすれば相続財産の不均衡が生じてしまうからです。

代償金の額にこだわるのであれば、少しでも「相続分の譲渡」を受けておいたほうが良いことになります。あなたの持分割合が増え、支払う代償金が少なくなります。多数の相続人の中にはいい人もいるでしょう。「はんこ代だけもらえればいい」「山はいらない」という人もいるでしょうから、それならまず意向を聞いてみて、譲ってもらったほうがいいですよね。

ただし、こうしたやり方が成り立ちうるのは、あくまでも「価値が低い」「取り合いにならない」不動産についてだけです。もし、山のほかに実家の敷地も3代前の所有者名義になっていたら、その価格によってはかなり難しい展開になるでしょう。

「相続分の譲渡」を証明する書類自体は、85頁にご紹介したように、ごく簡単なものです。ただ、譲渡された相続分をただちに自分の名義に登記したい場合、この質問では曾祖父↓祖父↓父↓譲渡人と合計3回の相続登記をし、さらに譲渡人からあなたへ持分移転の登記をする必要があります。これについては47頁で説明した通り、譲渡人の父までの相続登記2回分の登記について、登録免許税が免除になる改正が平成30年春から始まります。結局こちらも煩雑ではないか、と思われるかもしれませんが、これらの登記に必要な書類は実はほぼ揃っているはずです。遺産分割協議を要せず、法定相続分で登記すればいい申請だからです。今後よほど画期的な制度改正がなされない限りこれよりいい方法は現れないでしょうし、仮にそうした制度ができるとしても、おそらく「以前からその山林を管理していて、費用を出した記録を持っている」人は他の人より有利になるはずです。

遺産分割調停についても、もう少し掘り下げてみましょう。遺産分割調停など、家族・親族のもめ事の解決を目指すために家庭裁判所で行う調停全般を「家事調停」と言います。訴訟とは違います。

裁判所と聞くと負のイメージを持たれるかもしれませんが、実は使いやすい制度なのです。遺産の分割はあくまでも話し合いが原則ですが、どうしても進まないのなら家庭裁判所の力を借りましょう、と始めるのが調停です。調停の場で話し合って整えばそこで結論が出ます。調停の手続き中でも他の当事者に働きかけて相続分を譲ってもらったりできますが、お願いをして譲歩してもらえるのは調停が終わるまでです。不調になる、つまり調停で話し合っても整わない場合、そのまま放っておくこともできませんから、どこかで結論を出さなければなりません。その時に裁判所側が、中立人やその関係者の状況を考慮して審判、つまり裁判所の判断を示すということです。遺産分割の調停が揉める要素として寄与分や特別受益といった相続人の個別の事情の主張が出てくることがありますが、曾祖父の、つまり数十年前の相続でそんな事情を立証する、つまり証拠で示すことは難しいでしょう。

このため調停が不調に終われば客観的に見て妥当な形に落ち着く（審判が出る）ので、その妥当な形があらかじめ見えていて、安価にその結論を得たいならば、家事調停をお勧めします。

申し立ての費用は1200円。自分でやればあとの費用はこれまで述べたような添付書類の収集費用だけです。よほど不動産や相続人が多くない限り、実費は数万円です。

冒頭の質問に沿って、調停の流れを簡単にご説明します。

まず戸籍謄本類を集めて、すべての相続人と連絡先を調べます。自分でやれば実費で数万円以内に収まるはずです。次に、1200円の費用と郵便切手、戸籍謄本類・不動産の登記事項証明書などの書類を提出して、すべての相続人を相手にした調停を申し立てると、家庭裁判所から各人に呼び出しがかかります。申立書提出から第1回の期日までは、約1カ月です。

調停の期日は、訴訟と違って傍聴できず、他の人は見ていません。調停委員という2人の人が担当し、ときには当事者たちに個別で事情を聞いたり説明したりします。その場で議論する、というものではないので、普通に話ができる人なら代理人をつけなくていいかもしれません。もちろん弁護士を代理人にして申し立ててもかまいません。

申し立ての内容が、あまり価値の高くない山林があり、いくらか払うのでこちらに譲ってほしいといったものなら、調停の場で「代償金を払うと言っているが、いかが？」と各相続人に提案がいきます。期日は1カ月～2週間おきに開かれ、新たな証拠を出させたり、合意できる条件を探ったりして進みます。調停はもめ事の解決を目指すものなので、申し立ての内容が妥当であれば促すようなトーンになってもおかしくないでしょう。特別の理由がなれば、恐らくここで合意を得られるでしょうし、仮に調停が不調であっても、つまり各人が合意をしなくても、それが妥当であれば審判が出ます。ただ、その山林が売却でき、あなたに十分な代償金支払い能力があると示せない場合には、売却して代金を分割する判断が出る可能性も残っています。

この調停調書や審判書は当然、遺産分割協議書に代わる効力があります。遺産分割協議書の代わりの添付書類として相続登記もできます。むしろ、遺産分割協議を公的な場で（第三者を交え調停として）行った記録、という見方もできますね。

繰り返しますが、注意するポイントとしては、一方的な主張は通らないということです。自分は長男だから全部取りたいとか、これまで管理してきたから無条件でもらいたいとか、一方的な申し立てをしたところで、結局は法律上のバランスの取れたところで結論が出ます。現在あなたが山を管理していることは少し有利ですが、そこは気を付けなければなりません。

Q　山林を知人に売ることになりました。登記の状況を確認したら、昔設定されたらしい抵当権の登記が残っています。どうしたらいいですか？

A　元々の権利や契約を確認し、相手を調べて、抹消する方法を検討します。

よく知らない過去の登記が見つかった、人に山を譲るときになって気がついた、というお尋ねです。まずは登記を抹消できるか考えていきましょう。

発見した登記によって、抹消の手順も変わります。登記事項証明書や登記情報の写しを見てください。すでに抹消された登記には下線が引いてありますので、下線のない登記に注目します。よく見かける主なものは次の通りです。

●「甲区」の欄にあるもの

・仮登記、買戻特約

これは、当時の土地の持ち主と登記に書かれている相手方が、あとで所有権を移転するなどの契約をしたため登記されたものです。それができる条件や期間も登記情報に書かれています。

・仮差押、仮処分、予告登記、差押

裁判所への申し立てを経た登記です。抹消するにも裁判所への手続きを要するため、弁護士による法律相談が必須になります。

●「乙区」の欄にあるもの

当時の土地の持ち主が左記の権利を持つ人と契約を結んで登記されたものが大部分です。

・抵当権、根抵当権

山を担保にしてお金を借りるときの登記です。

・地上権、賃借権

林地を人に貸すとき、借り手の権利を保護する登記です。

・地役権

現在も抹消できないことが多い登記です。代表的なのは電力会社が権利を持つ、林地上空の送電線を維持するための地役権です。

地役権は、ある土地（変電所の敷地）の役に立たせるために他の土地（送電線が通る土地）を使わせてもらう権利を言います。隣の土地から自分の土地を通って道に出る権利を保護するためにも用いられますが、目的は送電線架設や通行には限られません。

・これらの権利の、仮登記

仮登記は、その登記をした時点の相手方（仮登記の権利者）が後日、登記をしてもらうための「順番」を守るためのものです。登録免許税を節約するために使われることもありました。仮登記がされた不動産を買った人との関係では、購入後に仮登記の権利者がそれを本登記にする、つまり仮登記をした人の権利が優先することがあります。仮登記の後で山林を買おうとする人にはとても不利な登記です。

これらの登記があるとわかったら、できるだけ当時の契約書などを探します。その契約で定められた期限が過ぎている、契約を一方的に解除できる、借金を完済した（抵当権）、立木を伐採した（立木一代限りの地上権）など、契約に定めのある「相手の権利が消滅する理由」を探すためです。地上権など存続期間が登記から読み取れるものは、その期限が過ぎていれば抹消を相手に請求できることになります。

借金を完済していない抵当権や、存続期間が平成50年までの地上権などは当然、まだ抹消できません。

当時の資料が見つからなければ、一般的な理由として「消滅時効」の制度を使えるか検討します。典型的なのは借金返済を求める権利で、相手が会社など商行為に関するもの（5年）、それ以外のもの（10年）で定められた期間の経過によって借金返済を求める権利が消えている、という考え方ができるのです。抵当権はもともと、相手が借金返済を求める権利を守るためのものです。守りたい権利が時効で消えた以上は抵当権も抹消を請求できる、と考えてください。農地では、農地法の許可を持ち主が得ることを条件にする所有権移転の仮登記をよく見かけます。仮登記の権利者が「当初の持ち主に、農地法の許可を受けるよう請求できる権利」も時効で消滅します。この場合は仮登記で守られている権利が時効で消えるわけではありませんが、許可が受けられないため仮登記自体が無用なものになったと考えて抹消を請求できます。これらの検討をするのが、弁護士や司法書士による法律相談です。

登記された権利、または登記そのものが抹消できそうだとわかったら、その登記の権利者を探します。ここが最大の問題です。相続登記と同様に、当時の住所氏名は登記から読み取れても転居後の権利者や相続人と連絡不能になる可能性があるためです。当初の権利者が死亡していたら、その法定相続人を全員調べて相手方にしなければなりません。会社の場合はすでに消滅していることがあります。

当時の権利者またはその相続人が発見できたら、まず抹消登記への協力を頼む連絡をします。同意が得られれば、委任状・抹消したい登記の登記済証などの必要書類をもらって通常通りの抹消登記申請ができることになります。

　登記を抹消させる権利をもっているのに相手の協力が得られない場合は、登記の抹消を請求する訴訟を起こすことができます。これに勝訴すれば裁判所が出した判決を添付書類にして抹消登記の申請ができ、相手に委任状や印鑑証明書を出してもらうなどの協力は一切必要ありません。

　このため、例えば足腰の悪い方に役場で印鑑証明書をとってもらう、登記済証を探してもらう、それらの協力に〝はんこ代〟を払う等の面倒を避けて訴訟を選ぶことは、時に魅力的な選択肢になります。


　本書でこれまで述べた所在不明の人や海外在住者に対しても、裁判所の掲示板に書類を出して訴状を送ったことにする公示送達や、在外公館を通じて訴状を送る（送達する）手段が用意されています。これらの制度を使うために、あえて訴訟を選択することがあります。

　抹消したい登記に関する権利が消滅していることが登記の記載や契約書から明らかにわかり、相手の所在が不明な場合にはもう少し手軽な手続きがあります。裁判所での公示催告を経てその権利が消滅した旨の決定を出す「除権決定」を得ることです。存続期間が平成20年までと登記されている地上権の登記を消したいが相手の連絡先が不明だ、といったときには法律相談でこちらを勧められることがあるでしょう。

抵当権に関してだけは、「登記から読み取れる借金の元本と利息等を全部払って、登記を抹消する」という特別の手続きが設けられています。正確にはお金を相手に払うのではなく、国にお金を預ける（法務局にお金を供託する）ことで、相手の所在がわからなくても抵当権抹消登記ができる制度です。戦後まもなく設定された債権額１００円の抵当権など、遅延損害金を含めても大したお金にならない抵当権を抹消するにはこれがもっとも楽です。地上権や仮登記の抹消には、こうした制度がありません。

ここまでで、過去の登記の抹消の方法を説明しました。全くの他人に不動産を譲る場合はこれらの登記の抹消を求められるはずですが、前記のような検討で「登記はついているが、害をなすことは今後もない」とわかれば、名義の変更、つまり所有権移転の登記はできます。単に、無害な登記がついてくるだけです。このため、例えば相続登記をするときに過去の無害な登記が見つかった場合、そのことを指摘はしますが直ちに抹消するよう指導することはなく、親子間での生前贈与でもそう対応しています。逆に、例えば地上権の権利者に相続が発生したときは相続による「地上権移転」の登記をしておかないと、所有者に迷惑をかけることになりかねません。地上権と賃借権の登記だけは、それが形だけでも残っていると別の地上権などの設定登記ができない、という支障が発生します。

最後に、こうした問題で法律相談や訴訟の代理を依頼するのは基本的に弁護士になりますが、土地が安い・お金を借りた額が少ないなど裁判上の請求額が１４０万円を下回る場合は、一部の司法書士（認定司法書士）も対応できます。消滅時効の主張ができる場合は、わりとシンプルで勝敗の予想しやすい訴訟になるはずです。事前に法律相談をして方針が適切であることを確認できれば、訴状などの裁判書類だけ司法書士に作成させ、自分で訴訟を進める本人訴訟も費用を抑える方法として考えられるでしょう。

Q　山林を相続した場合には、市町村への届出が必要だと聞きました（森林法）。また、農地を相続した際には農業委員会への届出が必要だそうです（農地法）。さて、私が相続したスギ山は、元々は畑だったところで、地目が畑となっています。この場合の届出はどうなるでしょうか。また、地目を山林に変更することはできますか。

A　まずは、現況が森林であれば森林法についての届出を。農業委員会への照会も行ってください。

森林法に基づく届出では、現況が山林なら届出を要することになっているので、まずは森林法に基づく届出を市町村役場に行ってください。また、地目が畑であることから、農業委員会へも相談してください。

地目を変更したい場合、農地転用の許可あるいは現況が農地ではないという証明（非農地証明）が必要で、農業委員会が窓口になります。このため、いずれにしても農業委員会の指導を仰ぐ必要があります。

農業委員会から交布される農地転用の許可あるいは非農地証明の書類を得られたら、地目変更登記申請を行います。土地家屋調査士に数万円で依頼でき、本人申請も可能です。

Q　集落内の各家が、山林の所有権を手放し、自治会名義にまとめたいと考えています。そのようなことは可能でしょうか。

A　可能です。新旧いくつかの方法があります。

昔からあるやり方として、自治会を法人格のない社団（権利能力なき社団）とし、その代表者名義で登記する方法があります。法人格のない社団とは、人の集まりに法律上の特別な地位を与えていないもの、例えばＰＴＡや同好会などもそうです。その団体名義での登記はできませんが、代表者の名義で登記をすることで、事実上自治会名義の土地として扱う制度がずっと長く続いています。

ただこの方法だと、代表者が死亡・交代するたびに登記をやり直す必要があり、その都度手間と費用がかかるため、現代ではお勧めできません。

そこで、もう一つの方法は、自治会を法人にする方法です。具体的に言うと、自治会の規約や役員といった陣容を整えて「認可地縁団体」として市町村に認可してもらいます。こうすると、認可地縁団体名義で不動産登記が可能になります。

認可地縁団体を作るメリットとして、例えば昔から集落の人たちが共有していた山林があり、相続などによって現在の共有者が不明で連絡が取れない場合に、一定条件を満たせば名義を認可地縁団体に移せる特例制度ができました（地方自治法第260条の38）。

もっと具体的に見てみましょう。仮に、数十名で共有する共有林があり、登記簿上の名義を見ると、共有者が明治時代の方の名義のままだったという場合。この状態で、公共事業の予定地になったから売却したいと思っても、現在の相続人すべてを探索し、遺産分割協議などを成立させて、共有持分を今生きている人の名義に変えていかなければなりません。これが原則です。しかし、認可地縁団体名義に所有権を移す場合に限っては、共有者が不明で連絡が取れない場合、一定条件を満たせば所在不明な人の協力が必要なくなります。非常に難航する部分を省略して所有権を移転できる、画期的な制度です。

「共有者が不明」の状態を明らかにしたり、公告が必要だったり、団体設立の事務もありますし、手間はかかります。また、質問にあるように各人それぞれの所有林であれば前記特例の対象にはなりませんが、「認可地縁団体」を作っておくのが手堅い方法だと思います。意図的に解散させなければずっと続けられますし、代表者の変更に伴う不動産登記も必要ありません。

一方、デメリットがないわけではありません。「地縁」と言うくらいですから、ある一定の地区に住む人は全員、申し込めばその団体の構成員にせざるを得ません。新しく住民票を移す人が増えたら、新しい方々が多数派になるということです。何かの団体に悪意をもってそうされたら……、という可能性も念のため、指摘しておきたいですね。

そこで、認可地縁団体ではなく、自治会あるいは地主会を「一般社団法人」として法人化し、そこに所有権を移すという方法もあります。その定款に、会員となれる条件を示しておけばいいのです。例えば、その地区に10年以上住んでいなければ会員になれない、などの条件を設けておくわけです。ただし、先ほどの認可地縁団体の特例は該当しませんので、現在の所有者が全員はっきりしている場合のみ、現実的な選択肢となるかもしれません。いずれにしても、それぞれにメリットとデメリットがあるとお考えください。

自治会に山林の所有権を移すことに関して、もう一つ別の問題もあります。まず、所有権を移転するわけですから、その自治会が不動産取得税を納めなければなりません。毎年の固定資産税もあります。いずれも納税額は山林の評価額に依存しますが、名義を移す以上は避けられません。

この問題に対しては、146頁以降でご説明した「民事信託」での対処が考えられます。自治会という一般社団法人を作り、そこを受託者にして、所有者みんなが山林の管理を委託する。もしも収益が発生するなら、面積割りなどの分配ルールを決めておけばいいでしょう。この場合は不動産取得税は不要ですし、登録免許税も低めに設定されています。

これらの方法それぞれに特徴がありますので、実情に合わせて選択してください。

Q　山林の相続登記をしておらず、父名義のままです。遺産分割協議も行っていません。この場合に考えられる相続人のリスクを教えてください。

A　重要なことほど、他の法定相続人と協力しなければできなくなります。

遺産分割協議も遺言もない場合、遺産は法定相続人すべてで共有する状態が続いています。このため、山林の処分（売却・皆伐など）ではすべての相続人の同意が必要となります。そのほか共有持分の割合によってできることが決まっていますが、重要なことほどすべての法定相続人の同意を得て行う必要があるわけです。この状態のまま放置すればするほど、当初の相続人が死亡して父の孫、ひ孫……と相続人が増えていきます。連絡や承諾を得る相手が増えるのは、山林所有者として大きなリスクではないでしょうか。

法定相続人があなた1人の場合、本当にそうなら問題ありませんが、代襲相続が発生していないかご確認ください。例えばあなたのお兄さん（お父さんの子）がいて、お父さんの死亡より先に亡くなっていたとしても、その子（あなたの甥・姪）が権利を引き継ぎ（代襲し）、法定相続人になっています。

この対策としては、これまでにご説明したように、遺産分割協議や相続分の譲渡、調停などによって、あなたの名義へと所有権を移転する相続登記を行うことです。

また潜在的なリスクという意味では、所有者としての管理、固定資産税の納税義務が全相続人にあるという見方もできます。

Q　集落内の30人で共有する山林（共有林）があります。共有者の中には死亡した者もいますが、相続による登記はしていません。今後の管理を考え、各個人に分割したいのですが、どのような手続きになりますか。

A　非常に手間がかかります。関係者が多いほど、費用も増えます。

結論から言うとお勧めできないのですが、共有状態を解消したいというニーズはあると思いますので、まず共有者各人に分割するための手順をご説明します。

強いて行うならば、次の手順になります。

①各人の共有持分について、相続人調査、相続登記の実施

現在の登記の情報を見ると、共有者の名前が出てきて、持分割合がそれぞれ書いてあります。まずやることは、登記されている全共有者が、現在の相続人に名義を移す（持ち分を移転する）必要があります。この手順は、相続登記としてこれまで見てきた通りです。相続が発生しておらず、現在も登記時と同じ共有者の方はそのままで構いません。

②その共有者全員で共有物分割の協議

いまのところ、1筆の土地を30人で共有している状況です。各人に分割したいのであれば、30筆の土地に分筆しなければなりません。分筆登記を行うには、土地の境界が確定していないのなら、この共有土地の隣接地所有者にも参加してもらって確定測量を行う必要があります。隣接地の所有者がわからなければ探索し、登記情報を調べた結果が相続登記未了であれば、誰が相続しているか調査する必要があります。ここでも手間と費用がかかり、隣接所有者の問題で頓挫する恐れもあります。これは「合筆・分筆編」でご説明した通りです。

そして、土地家屋調査士の協力も得て土地を分割する計画を立てつつ、分割後の山林のどこを誰のものとするか、協議します。道から近いところや立木の生育状況の良いところは人気があるでしょうから、取り合いになるかもしれません。協議が整えば、分筆登記を行います。

③分筆登記の完了後、各人の持ち分を『共有物分割』を原因として移転登記

無事に分筆登記が済んでも、まだやることがあります。この分筆登記が完了した時点では、30人で共有する山林が30筆できただけです。その1筆ごとに共有状態を解消するための登記を行います。

わかりやすく3人のモデルで考えましょう。A・B・Cの3人が共有する山林が3筆ある状態です。山林1は共有者B・CからAへ、山林2は共有者A・CからBへ、山林3は共有者A・BからCへ、それぞれ「持分全部移転」の登記を行います。これは、所有権移転と同じような登記申請だとお考えください。これで土地1はAの所有、土地2はBの所有、土地3はCの所有になって完了です。質問の例では、30筆について同じ登記を延べ30件行うことになり、当事務所でも200万円はかかりそうです。測量と分筆の費用は別です。

こうした相談にも当然見積書を出しますが、「これで儲かるのは私だけ。そこまでして行うメリットがありますか」と、思わず言ってしまったことがあります。相談に来た方はというと、笑って再考してくれました。

冒頭で「お勧めしない」と申し上げた理由が、おわかりいただけたでしょうか。

現実的な方法も考えてみましょう。共有解消後は山を手放したい方もいるでしょうから、もし林業経営が成り立つ立地や現況があり、林業を続けたい数人に集約したい、というお話ならやる価値があるかもしれません。新たな所有者となる数人が代償金を払って持ち分を譲り受ける、といった協議を前記の②の段階で行えば良いのです。その場合でも前記①~③の手順は同じですが、分筆する土地と登記の件数が減ります。

また、177頁のQ&Aでもご紹介したように、要件を満たせば「認可地縁団体」に所有権を移したり、一般社団法人の設立、民事信託といった手法もありますが、一般社団法人や民事信託で山の所有権をまとめる前には、まず各人の持ち分について相続登記をしておかなければなりません。それは避けられません。

さらに別のアドバイスを求められれば、できそうな人から持ち分を誰かに移転することを少しずつやっていく、でしょうか。一斉にやろうとしないでください、という助言です。例えば、お互いに知り合いである関係の下で、あの人になら譲ってもいい、という人がいれば持ち分を譲ってもらって、当初の30人の共有者を10人に減らすことを目指す、ということです。相続に合わせてやってもらってもいいでしょう。

困った時の相談先と、そのための準備

「相続や登記について専門家に相談したい。でも、誰に、どのように相談すれば……」

そんな場合の相談先と事前準備について、目的別に整理しました。

公的な相談先とその限界

ここでは本書で扱う手続きを中心に、実際に相談するときの相談先とその準備を説明します。まず世の法律関係の相談を、利用者の立場から二つに分けてみます。相談先の担当者があなたの問いにきちんと答えてくれる相談と、そうでないように見える相談です。

前者は弁護士による法律相談と税理士による税務相談がこれに当たります。弁護士はおよそ全ての法律上の争いや裁判所・官公署への申し立てについて、法律的な判断を示して特定の手続きや方針を推奨することができます。税理士は税務上の申告やそのための税額の計算などについて、具体的な税務相談に応じることができます。

法律相談・税務相談を弁護士あるいは税理士ではない人がすることは、法律で禁止されています。これが後者の、聞きたいことに答えてくれないように見える相談のあり方に影響しています。

言い方を変えると、相談する人が聞きたい肝心あるいは具体的なところで、回答拒否や相談先のたらい回しが発生するのです。裁判所・法務局・公証役場・市役所等の福祉関係窓口等で可能な相談は程度の差こそあれ、漠然とした質問に対しては、「どうするのがいいか」を答えてくれません。相談に行った人からみると、イライラさせられる相談になります。

裁判所を例に取ると一番わかりやすいでしょう。裁判所は立場上、争っている双方のどちらかに肩入れする助言はできません。他の役所についても、取り得る方針が複数あるなら特定の方針を推奨できず（間違っていた場合に責任を取れず）、あいまいな対応にならざるをえません。

たとえば、「親から息子へ山林を譲渡したい。どうすればいいか」という相談では、どんな契約を原因として登記をするのか、さらには添付書類にも複数の選択肢があるため、法務局の登記相談ではそうした選択肢を選んではくれません。

これに対して、「父から息子に不動産を贈与した。契約書も作ってある。その日付で不動産を贈与したことによる所有権移転登記をしたい」というあたりまで相談内容が固まってくると、申請書の書式を示してもらったり、自分で作った申請書で間違っている箇所の指摘を受けることができるでしょう。ただし、贈与税や不動産取得税の計算はここではしてくれません。

こうした点から、本書に関することで官公署や裁判所でできる相談の例を挙げてみます。「特定の方針を選んでくれることは一切期待できないが、一般的な制度の説明を聞くことはできる」「複数の役所が扱う制度にまたがった助言は得られない」というのは、各相談で共通の特徴です。

●法務局の登記相談

・不動産を取得する人と、そのための契約や遺産分割協議の内容が決まった後で、それに対応する登記の相談をする

・登記事項証明書や登記情報の写しに書かれていることの内容を尋ねる

●家庭裁判所の相談

・大ざっぱな意向を伝え、それに対応しそうな手続きについて、申立書の書式やパンフレットをもらってくる

●公証役場の相談

・契約書や公正証書遺言に入れたい内容をメモ書きして、それを公正証書にできそうか、できる場合の費用や必要書類を尋ねる

公証役場にいる人＝公証人は個々の依頼に応じて収入を得ています。この点では自営業者のような面もあり、相談は無料ですが事前の予約が必須です。法務局の登記相談も、一部では予約制と相談時間の制限を採用しています。

様々な人が行う「相続相談」

先に述べた法律相談・税務相談の規制があることは、官公署だけでなく民間事業者の活動も制約しています。司法書士や行政書士などにもこの制限がかかっています。

では弁護士や税理士ではない人ができる法律的な、あるいは税金面での相談はなにかというと、「争いごと（法律事件）が起きていない状況下での、登記その他の行政手続きや契約・遺言などの相談」「法律に関係する書類を作るための相談で、作りたい書類の内容がほぼ決まっているもの」「税制に関する一般的な相談」などが、士業やファイナンシャルプランナーの団体では説明されています。とはいえ、相談者が希望する相続対策を気に入らない相続人が他にいる、つまり相続人の間で争いになる可能性も秘めていますから、回答の内容が親身で具体的、役に立つアドバイスになるほど制限を侵す可能性（違法性）が高まる、相談担当者はそんなグレーゾーンのどこかにいるのが現実です。司法書士や行政書士は書類を作れるといっても、制限なく自由に判断して書類を作れるとは限らない、そんな制度になっていると考えてください。

なかにはこの制限を破る人もいるのですが、多くの人は法律的な制限にその人なりに留意しながら業務に当たっています。このため、求めるアドバイスが得られず、ここでも相談する人がイライラさせられることがあるわけです。典型的なのは生前贈与で発生しうる贈与税とそれへの対策です。司法書士の事務所に登記の相談に行くまでこの点の検討がなかった場合、筆者なら課税の可能性を指摘していったん税務相談の利用を推奨するのですが、相談する人からすれば不便です。だからといって相談者が贈与税の検討をしないまま登記申請を進めるのもどうかと思いますし、筆者が税額を計算すれば税理士法違反の可能性大、となります。

司法書士の業務では、裁判所に出す書類の作成でも同じような問題が発生します。司法書士のなかには最大140万円までの紛争について法律相談ができる者（認定司法書士）もいますが、これは簡易裁判所で行う訴訟などに限られるため、相続に関しては利用が難しいと考えてください。実は、相続時などの「家庭裁判所で扱うことになる紛争」については金額に関わらず、司法書士が法律相談できる範囲に入っていないからです。例えば、ある山林に100万円分の立木があり、遺産分割協議が終わっていない段階で相続人の1人が勝手に皆伐してしまった場合を考えます。他の相続人から損害賠償請求を受けただけなら「簡易裁判所で扱う事件なので法律相談ができます」。問題を根本的に解決する遺産分割調停（家庭裁判所での手続き）の成立の見込みについては「法律相談できません」。ただし、遺産分割調停の申し立てを行う書類は作成できます。

このような前提があるため、以下で説明する各手続きについても司法書士への法律相談の利用は、ほとんど考慮していません。

ただし、税務相談と違って相談者ご自身の勉強や弁護士への法律相談の適切な活用で法的知識を充実させる方がしばしば現れることと、民事・家事の裁判手続きの多くは法律より事実を丁寧に説明していくことで成果が挙がる実情があるために、筆者（司法書士）も裁判所への書類作成の相談・ご依頼を受けやすい面を持っています。本書もそうした情報提供になるかもしれないと期待しているところです。

民事法律扶助制度（法テラス）の無料法律相談の使い方

先に述べたように、ある法律的な問題を扱う相談窓口が制度・士業で分かれている問題への対応として国が設立したのが日本司法支援センター（愛称：法テラス）です。電話による問い合わせに応じるコールセンターを持ち、法制度や相談窓口の紹介といった情報提供業務に当たっています。

ただ、法テラスのコールセンターで紹介された相談先の官公署が士業による相談が必要と判断して、さらにもう一度法テラスへ相談を回してしまう現象は、筆者の事務所へ相談に来た方からだけでも年に何回か耳にしています。

法テラスが提供する業務のうち、本書を読む人の状況を直接改善させる可能性が高いのが、民事法律扶助制度による無料法律相談です。これは、法テラスと契約した弁護士・司法書士の事務所で無料の法律相談が受けられるものです。同じ案件について3回まで弁護士による相談を受けることができます。。、合計3回までなら、違う事務所で相談を受けてもかまいません。ただし収入や預貯金が一定額以下などの条件があります。4人家族の場合は相談者とその配偶者の月収が合計29万9000円（家賃・住宅ローン負担がある場合は上限7万1000円まで加算）、保有する現預金の額が合計300万円以下であれば利用できることになっています。

そして、この無料法律相談の申し込みに法テラスを「使わない」のが筆者が特にお勧めする利用方法です。法テラスと契約している弁護士・司法書士は、自分の事務所で民事法律扶助制度による無料法律相談の申し込みを受け付けることができます。ですから、ウェブサイト等で興味がある事務所を見つけたら、その弁護士が民事法律扶助制度の契約をしているか確認し、そうとわかれば直接、相談の申し込みをすれば良いのです。制度が利用できる条件を満たしていれば、通常30分5000円程度の一般的な法律相談を無料で受けられることになります。

民事法律扶助制度には無料法律相談のほかに、裁判所への申し立てを弁護士に依頼する際の着手金や実費を立て替えてくれるものもあります。こちらの利用には預貯金以外の資産、つまり自宅や山林などの不動産も併せた資産の額で制限がかかります。本書の読者の多くは不動産を持っているはずですから、無料法律相談は使えてもその後の着手金等の立て替えの制度は使えないかもしれません。

士業への相談を行う前に～ポイントとアドバイス

ある事務所で30分程度の相談をしてきたが、自分が話しをしているだけで終わった。役に立たなかった。

相談先がどんな士業だったかはさておき、そんな話しをよく聞きます。相談先を適切に選ぶことに加えて、相談前に資料や話したいこと・聞きたいことを整理しておくこと、特にそれを紙に書き出しておくことは、相談時間が短いほど重要です。文字に書かれていることは、口に出して説明する数倍の速さで読み取れるからです。30分の相談を想定すると、Ａ４判の紙１枚〜数枚に、聞きたいことやそれに関わる事実をメモとして箇条書きしておくといいでしょう。

さらに、どんな相談でも当てはまることですが、以下のような相談担当者を慎重に探すようにしてください。

・有資格者本人と話しができる（資格のない事務員が対応していないか）
・しっかりと話しを聞いてくれ、わかるように説明してくれる
・その手続きにいくらかかるか、はっきり教えてくれる
・依頼（発注）するよう急かさない。安請け合いしない
・依頼人に厳しいこともちゃんと指摘する
・相手の状況も考えた対応を提案する

最近ではウェブサイトで相談先を探す人も増えました。きれいなウェブサイトを持ち、無料相談で問い合わせを集めて、条件のいい依頼だけ選んで受けるのは営業手法の基本です。大きな事務所なら安心でき無料相談なら得だ、とは限りません。紹介に頼って依頼先を決めるのは、大事な手続きほど無謀です。複雑・困難な事件であるほど、その士業が依頼者から正確に情報を引き出せるか、つまりきちんと話ができる関係にあるかが影響するからです。ある士業から

別の士業への紹介を頼る「士業間連携」はこの点にも問題があり、筆者はあくまでもご自分で依頼先を決めることをお勧めしています。

ここからはある相談先に初めて訪れるときを想定して、相談の類型ごとに特に必要な準備を以下で説明していきます。これが筆者の「山林の相続・登記相談室」からいったん他の法律相談・税務相談を勧める際の助言だと思ってみてください。

遺言その他の相続対策

遺言の相談は生前の相続対策として一般的な分野です。まず遺言の相談での準備について説明します。

【準備するもの】
・その遺言で書きたいことや実現したいことを、かんたんに書いたメモ
・法定相続人になりそうな人の一覧（配偶者、子供および孫。子供や孫がいない場合、兄弟と甥・姪）
・遺言書に書き入れたい資産の一覧

資産の一覧は初めての相談では、だいたいの内容でかまいません。実際に遺言書を作るときまでに、預金口座の番号や土地の地番といった詳しい情報を準備することになります。

できれば用意しておくと望ましいもの

・遺言に書かない資産の一覧

相続税額や遺留分減殺請求を受けたときの影響を知るため

・負債や債務保証の一覧

相続後に相続人たちが対応できるかどうかを検討するため

・その遺言で不利になる、ほかの法定相続人の個性や状況を書いたメモ

相続をめぐって争ってくる行動に出る可能性を知るため

こうした情報になります。言いたくない部分もあるでしょうが、ここで加えた情報が貧弱であるほど、提案される相続対策は的外れなものになる危険が高まります。

公証人(公証役場)で公正証書遺言を作ることにした場合のみ、記載する不動産の登記事項証明書・遺言者と関係者の戸籍謄本が必要です。行政書士・弁護士はこれらの書類の取得を代行します。

【説明】

相続に関する相談では、弁護士・税理士・司法書士・行政書士・ファイナンシャルプランナーのほか、様々な民間資格保持者や不動産業者・金融機関がアドバイザーやコンサルタントを名乗って活動しています。

遺言の相談は、自分で書くために内容を整理するか、公正証書の文案を考える(依頼人に代わって書類を作ることの規制にかからない)ものです。このため、他の債権者やこれから相続人になる人との紛争がない状況で相談をするだけなら直接の規制はありません。

相談に来た人の希望通りになる書き方を教えたり、文案を整えるのが、遺言作成に関する最低限の相談になります。公証役場で公正証書遺言の作成の相談をする場合は、概ねここまでで検討が終わります。

それ以外の場合は、相談先や持っている資格により異なるかもしれませんが、次の検討が加わります。

・遺言により、相続人から遺留分減殺請求を受ける内容になっていないか。その場合の対策

・遺産を相続させたい人が、遺言した人より先に死亡する場合・関係が悪化した場合の対応

・死亡保険金など遺言以外に相続人たちが受け取れるお金や権利はあるか

・借金や債務の保証人など、相続人たちが債務を相続する状況にないか。あるならば、その対応策

・遺産を相続させたい人の状況が、相続させる遺産の性質に合っているか（管理の難しい財産を高齢者に相続させていないか、など）

・遺言執行者を選任しておく必要はないか。どんな人がふさわしいか

・相続税が発生する場合、換金性の低い資産を相続する人が納税資金に不自由することはないか

・遺言に沿って遺産を相続した人の死亡（二次相続）が発生したときの相続税対策

・不動産を相続した人がそれを売却したときの譲渡所得税対策

不動産の相続や売却をめぐって税務上不利になってしまう遺言を作る人が見受けられます。譲渡所得税や相続税の特例を受けやすい自宅や空き家の売却を視野において相続対策を考えている場合、特に税理士への相談をお勧めします。

複雑に検討しようとするほど、ほかの相続人を不利にする内容であるほど、相続対策の相談は争いの発生を予想して法律上の判断が求められる法律相談に近づきます。

弁護士ではないのに、こうしたことへの断定的な判断、訴訟や調停の勝敗の見通しを安易に

示す人への相談はお勧めできません。良心的な人は、状況に応じて弁護士への法律相談を勧めてくれます。

不動産投資や生命保険加入など特定の手法に偏った提案をしてきたり、相談担当者を遺言執行者にしておく（遺産総額に対する一定割合で、数十万円の報酬を設定する）ことを推奨する相談先もありますので、複数の相談を経るなどして慎重に対応してください。

相続人への遺産の承継対策に遺言ではなく生前贈与・死因贈与や信託を選ぶ場合も、相談時に準備しておきたい資料は前記で挙げたものとほぼ同じになります。信託では、実現できることが遺言より多いために、相談にはより多くの時間がかかります。信託の受託者（財産を管理する人）や受託者を監督する人を設けるか、贈与税や相続税の納税義務が発生する時期や額といった信託契約に固有の法律上・税務上の検討作業が加わり、信託契約書に反映されていくことになります。贈与・信託とも、他の債権者からの追及や遺留分減殺請求を受ける可能性を考える必要があるため、本人の財産・負債の両方を考慮した検討が必要です。

遺産分割協議①一般的なケース

【準備するもの】

・法定相続人のうち、争っている人・連絡が取れない人・未成年・寝たきりの人の有無
・今回作成する遺産分割協議書に記載したい資産の一覧
・各々の遺産を誰に継がせたいかのご希望を書いたメモ
・すでに作成した遺産分割協議書があれば、その協議書

【説明】

弁護士・司法書士・行政書士・税理士が遺産分割協議書の作成をしたり、相談に応じています。

協議ができない場合、家庭裁判所での手続きを使うことを視野に、弁護士による法律相談を経て対応を考えることになります。

不動産をめぐる相続の場合、ここでも重要なのは税理士への相談です。

相続税が発生する場合でも、遺産分割の内容によって相続税額を減額させられる可能性が残っています。相続税が発生しなくても遺言の場合と同様に、遺産分割を経て相続した不動産をどんな状況や立場で売却するかによって、譲渡所得税の額が変わる可能性があるからです。

遺産分割に際して他の相続人と争いがあったり説得を試みる必要がある場合は、弁護士以外の士業が直接相手と交渉することはできません。弁護士ではない士業で、相続人一同が集まっ

た場への同席と説明のサービスを売りにする人もいます。こうした介入に対し、他の相続人から弁護士法違反との指摘を受けて、遺産分割協議そのものが頓挫することがあります。

簡単に言うと、弁護士ではない人の遺産分割協議への関わり方は、
・依頼人の意向を聞いて遺産分割協議書の案を作り、
・依頼人本人がその案に基づいて他の相続人の同意を取りつけ、完成させる
このようなものです。

とはいえ、親兄弟みんなで遺産分割の方針が一致していて、相続税の心配もない遺産の総額（相続人2名なら4200万円以下）で、相続した家も当分売らない、というご希望は実際多く、こうした場合は司法書士も行政書士も問題なく遺産分割協議書を作成しています。

遺産分割協議書には、金融資産なら口座番号や証券番号、自動車なら車検証記載の車台番号、不動産は登記情報の写しや課税明細書（未登記建物の場合）などを参照して、正確に記載していきます。相談した先にそのまま依頼したいときは、こうした資料があれば持参すると良いでしょう。

遺産分割協議ができない②難しいケース

【準備するもの】

○争っている相続人がいる場合

・相手に示している案

・相手とのやりとりの経過を書いたメモ

・この問題にかぎらず、相手が他の親類やあなたともめ事・問題を起こしていたことがあれば、それを書いたメモ

・示している案に載せている財産のだいたいの価値がわかる資料またはメモ

○協議できる相手がいない場合

この場合、遺産分割の内容を考えるのはずっと先の話になります。相手に生じている問題ごとに、

―調べた住所に住んでいるかわからない場合―

・住所を調べて、連絡をとった（郵便を出した、など）経過を書いたメモ

・これまでに集めた戸籍・住所関係の書類

―未成年または寝たきりの人がいる場合―

・未成年ならその人の親、寝たきりの人についてはその関係者を書いたメモ
・これまでに集めた戸籍・住所関係の書類

【説明】

この問題の相談は、争っている相続人がいる場合と、協議できる相手がいない場合に大きく分かれます。

いずれも最終的には家庭裁判所での手続きを検討することになるため、弁護士への法律相談以外に選択肢がありません。

自分で方針を決めている場合は、司法書士も家庭裁判所に出す書類を作る相談に応じています。

弁護士を代理人にする場合の着手金（依頼のとき最初に払う費用）は、遺産分割であなたが得る遺産の価値に対する割合で決まるのが一般的です。このため、概算でも着手金の額を知りたい場合は、遺産分割の対象になる財産の額を伝えられるように準備してください。今回のことに限らず、相手がこれまでに起こした問題があればそれを伝えることで、相談担当者は相手の個性や争っている態度の原因を推測してくれるかもしれません。

提案される手続きのうち、不在者の財産管理人の選任には裁判所への予納金などの実費がか

かります。成年後見の申し立てを経て親族でない人が後見人に選任された場合は、後見人への報酬が被後見人の死亡までずっと発生します。法律相談では、弁護士への依頼の費用や実費の傾向もできるかぎり教えてもらうようにしてください。もちろん、相談後すぐに依頼する必要はありません。

成年後見・任意後見制度の利用

【準備するもの】

すでに認知症などの問題があり、本人の家族が相談する場合

・本人の症状や問題、診断内容を書いたメモ

・本人の財産・負債を書いたメモ

本人自身が任意後見の相談をする場合

・自分に代わって後見人にやってほしいことを書いたメモ

・自分の財産・負債の状況を書いたメモ

【説明】

この相談は後見を要する本人の状況によって変わります。すでに認知症などの問題が見られ

る場合、手続きをしたほうがいいかどうか、手続きが通るかどうかを知るには、弁護士による法律相談しか選択肢がありません。

司法書士や家庭裁判所、福祉を扱う行政機関が行う相談でも成年後見制度の一般的な説明は受けられますが、法律相談を避ける立場上、積極的に特定の手続きやそれが認められる見込みを答えることは少ないはずです。

裁判所は成年後見の申し立てを受けて、本人の状況に応じて後見・保佐・補助の類型を選びます。申し立てに際して後見人の候補者を示すことはできますが、誰にするかを最終的に決めるのも裁判所です。後見人等になる人が本人のためにできることや、親族以外の人が後見人になったときの報酬も違ってきますので、法律相談では本人の状況を具体的に伝えることが重要です。後見人への報酬額は家庭裁判所が決め、本人の財産から支払われるのですが、財産が多い人や後見人としての仕事が難しい状況の人には高めに出てくる傾向があります。つまり、本人の財産が減少する可能性があります。

本人が元気なうちに任意後見の準備をする場合、弁護士・司法書士・行政書士への相談ができます。

こちらは、本人が相談に行って最終的に公証役場で作成する任意後見契約書を完成させる相談になります。後見人になってくれる人が後見人の事務を自分ができそうか、という点もその人の関心事になるでしょうから、後見人になってほしい人の同行もお勧めできます。存命中に自分で財産管理ができなくなる想定の相談ですから、同時に遺言その他の相続対策の提案を受けることもあります。そうした可能性に備えるのは素晴らしいのですが、必ずしも同じ事務所に相談する必要はありません。

分筆・合筆・地目変更

【準備するもの】

・土地のだいたいの位置と形がわかる資料
・分筆の場合は、どのような形に土地を分けたいか書いたメモ
・地目変更の場合は、土地の現状がわかる写真

このほか、特に分筆の相談では次の準備をしておくことをお勧めします。

・分筆したい土地を含む公図の写し
・分筆したい土地とそれに隣接する土地の登記情報の写し
・過去に境界をめぐって隣接地所有者と揉めたことがあれば、その経緯のメモ

【説明】

ここで挙げた手続きと相談を扱うのは土地家屋調査士の業務ですが、分筆登記では土地家屋調査士の責任が及ばないところで問題が発生し、他士業の相談を要することがあります。

一つ目は隣地所有者の協力が得られない・連絡がつかないために、境界の確認ができない問題です。

争っている相手がいる場合のみ、土地家屋調査士から筆界特定の申し立ての利用を勧められるかもしれません。これは法務局が扱う手続きで、弁護士のほか一部の土地家屋調査士や司法書士が代理人になれます。このほかの強制力がある対応策はすべて裁判所を利用するものです。弁護士による法律相談を経て、慎重な検討を要します。

この問題がないかどうかを探る最初の調査は、公図とそこから読み取れる隣接地の登記情報の取得になり、これは自分で可能です。この調査で、隣接地所有者への連絡不能などの問題を発見して作業を打ち切るとしても、自分でやるなら実費と相談費用しかかかりません。地籍調査が完了している・既に隣接地のほうで確定測量が済んでいるなど手続きを楽にする情報があれば、相談のときに提供できるとよいでしょう。

二つ目は、分筆後に各土地の価値が変わってしまう問題です。分筆登記の手続きが可能な場合、例えば1筆の土地の東半分だけ皆伐し、分筆して更地の東半分と伐採直前の西半分の2筆の土地を作ってしまうことは可能です。分筆後の各土地で地形・植生・作業道までの距離が異なるのはよくあることで、こうした価値の変化をめぐって土地ごとに正確な評価をするのは不動産鑑定士の業務になります。

共有地を分筆して各人に分け、共有状態を解消しようとする場合、土地家屋調査士が作成した分筆計画で価値の高くなる土地とそうでない土地での不均衡が発生しないか、不均衡があるとしたらお金で精算する（交換差金を支払う）必要があるのかは税務相談を要する問題になります。

合筆や地目変更の手続きでは隣地所有者の状況に影響されることがないので、土地家屋調査士への相談のみで手続きの可否・費用などを知ることができるでしょう。

不動産の名義変更・残っている登記の抹消

【準備するもの】

・契約書や遺産分割協議書。未作成の場合は、盛り込みたい内容のメモ
・評価証明書や名寄帳など、不動産の価格がわかる資料
・相続に関する登記の場合、亡くなられた方の子・配偶者など、関係がありそうな人を書き出したメモ
・すでに自分で集めたり作成した書類、その文案
（不動産の登記情報、戸籍謄本類、自分で作った遺産分割協議書や贈与契約書の案、遺言書のコピーなど）
・登記の抹消の相談の場合、登記の権利者の探索・交渉をした経緯があればそのメモ

【説明】

登記の相談はもちろん司法書士、次に法務局、と言いたいところですが、このいずれかだけでは完結しないことがあります。

この両者は基本的に「必要な手続きが決まった後」の相談としてはよく機能しますが、「どんな手続きが好ましいか」の相談には応じられない可能性が高いからです。法務局の相談は特に登記の手続きに限った相談に徹しています。「土地を相続することになったのですが、どうしたらいいですか？」「贈与契約書にどんなことを書いておいたら有利ですか？」といった漠

然とした質問をすると、ごく一般的な考え方や他の相談先を紹介されて終わりになりかねません。

これから不動産の名義変更をする場合、生きている人相互間での所有権移転登記であれば不動産取得税・贈与税または譲渡所得税額の検討が避けられません。これは税理士による相談が適切です。

他の債権者の追及から逃れるために不動産を譲る、という場合は登記の手続きそのものを推奨できないことも多いのですが、債権者が取り得る阻止行動とそれへの対応は弁護士との法律相談で考えなければなりません。

相続登記については、実は相続人と揉めそうだ、といった相談なら法律相談の必要性が高まります。争いがなく相続税が課税されない額の相続でも、その後の不動産売却まで視野に入れると、税理士による譲渡所得税等の試算を経ておいたほうがいいかもしれません。

過去の抵当権や地上権、仮登記などを抹消したいという相談では、相手の同意を取り付けられない場合を中心に、裁判所での手続きの利用が検討されます。登記を抹消するというよりも、登記された権利そのものが時効などで無くなっている、だから登記も抹消できる、という考え方をするわけです。そうした法的な主張をすることの適否や訴訟での勝敗を判断するのは、弁護士ができる法律相談になってしまいます。

このことから、司法書士や法務局の相談を利用するとよいのは

・弁護士や税理士が関与した遺産分割協議書や生前贈与の計画ができている。または法律上・税務上の検討が終わっている

・裁判所で出た調停や判決、遺言書、相手にやっと承諾させた内容の契約書など、完成した書面に示された登記以外の選択肢がない

・不動産その他関係する資産の額が少なく、税負担も少ない

・相続人や契約の相手方との争いがない

こうした要素の、できれば複数を持っている相談になってきます。

この分野で初めて訪れる相談先が司法書士（当事務所）だった場合、相談件数の過半数は当事務所だけで相談が終わりません。売買や贈与など相続以外の手続きに限るなら、相談件数の8割以上でいったん税務相談か法律相談を推奨しているのがここ数年の傾向です。

代理人（弁護士など）や裁判所から書類がきた場合

【準備するもの】

・代理人あるいは裁判所からきた書類全部
・送られてきた書類に書かれていることや相手との争いに関係して、残っている資料
・代理人を依頼したり裁判所に申し立てをした相手との、これまでのやりとりを記したメモ

【説明】

困ったり腹立たしく思われるかもしれませんが、まず落ち着いてください。実は本書で扱う手続きでも、相手の協力を求めるより訴訟を起こしてしまったほうが楽なものがいくつかあります。わけもわからず訴訟を起こす人もいます。

この場合、推奨する相談先は弁護士の法律相談です。市役所が市民向けに設置しているなど短時間の無料法律相談を利用するときは、資料や聞きたいことをよく整理しておいてください。裁判所は立場上、どんな対応をしたらいいかについての具体的な回答はしないため、相談先になりません。

相談の前に書類を送ってきた代理人・裁判所・本人に、いきなり事情を聞いたり意見を言ったりすることは避けたほうがいいでしょう。

裁判所の手続きでは、裁判所側から誰かに電話をかけるよう要求してくることは、ほとんどありません。有能かもしれない相手側代理人にうっかり連絡して自分を不利な展開に追い込む

のもどうかと思います。それに、裁判所や弁護士を装った詐欺の類ということもあるからです。まず法律相談を受けてください。

次に気をつけるのは、裁判所から来た書面に示されている期日や書類を提出する期限です。家庭裁判所から来る調停・訴訟に関する書類の場合、大抵は1カ月程度先の期日を定めているので早めに相談先を探してください。

法律相談ではまず、送られてきた書面に書かれていること（相手の要求や選択した手続き）の説明を、次いであなたの側に推奨される対応策の説明を受けることになります。一般的に設けられている、30分の有料法律相談1回で説明を聞き終えるのは難しいかもしれません。この法律相談は前述の「民事法律扶助制度」で無料法律相談が利用できる代表的なものです。要件に当てはまるなら積極的に使ってください。

こうした法律相談を経たり、自分で書籍を調べたりして、ご自身でしたい反論や主張の内容が決まった場合は、司法書士はその内容の裁判書類を作成することができます。

相続・登記に関するお薦め書籍

自分で登記をするための本

ここで紹介するのは、単に登記申請書の書式が並んでいる本ではありません。
初めての方が迷いやすい細かいところ、例えば添付書類のコピーの仕方や、集めた書類を申請書に綴じる順番まで含めて、自分で登記申請書を作る方法が丁寧に説明されています。

『自分でできる相続登記：不動産を相続したならこの1冊！』
児島明日美　著　自由国民社　定価／本体価格1600円

お薦めポイント／戸籍の収集から、登記申請書のつづり方まで
登記申請書の書式に加えて、主に親の相続を想定した戸籍収集、遺産分割協議書その他の添付書類の扱いや作り方が説明されています。
相続登記として難易度の低い類型になる、次の1～5に全て当てはまる方なら、この本だけで相続登記の申請を終えられるでしょう。

1. 親から子、または親の配偶者への相続である
2. 所有者の死亡から5年経っておらず、住民票の除票または戸籍の除附票が手に入る
3. 登記情報に記載の所有者の住所と、その方の死亡時の住所が同じ
または、入手できる除票・除附票から読み取れる過去の住所のどれかと同じ
4. 遺言があるか、遺産分割協議が成立した。または法定相続人が1人だけ
5. 評価額が定められていない（固定資産税が非課税の）土地を含まない

山林の相続登記の作業工程でこの本が言及していないのは、名寄帳を使っての財産調査と非課税の土地に関する評価額の把握の部分です。全般的な手順、名寄帳や戸籍の郵送請求は本書を参照し、集めた戸籍や登記情報の読み方、登記申請書提出など登記申請の詳しい準備はこちらの本で調べてください。評価額が定められていない保安林でも、本書の手順で打ち合わせを一度終えればあとはこちらの本に沿って登記申請書を作れるはずです。本書で紹介した相続登記の登録免許税の免税措置の導入と、戸籍の記録が遡れないときの扱いで法定相続人全員の協力が不要になった点を除けば、平成30年現在でも間違いのない内容です。

気をつけたいことが二つあります。

祖父も父も死亡した場合など複数回の相続が発生した山林の相続登記は、この本だけでは対

応できません。最終的に法定相続人の合意をまとめる手順そのものが複数あるためです。

遺産分割協議書はこの本を参考に自分で作れるはずです。だから誰にも相談の必要はない、と思ってしまうと相続後の売却や節税の点からは好ましくない遺産分割協議書ができかねません。

この本に沿って書類を作るから税理士や司法書士の助言は不要だ、というわけではないのです。

『自分でできる不動産登記：不動産登記をするならこの1冊！』
児島　充　著　自由国民社　定価／本体価格1700円

お薦めポイント／家族間での生前贈与なら、この1冊
こちらは主に、生きている人たち相互間の山林譲渡、つまり売買や生前贈与による名義変更で参考にしたい本です。最終的に登記申請を可能にするまでの説明が載っています。
売買・贈与による所有権移転登記のほか、登記名義人住所（氏名）変更登記（不動産譲渡の前に、登記されている所有者の住所・氏名を現在のものに合わせる登記）の説明が使えます。相続

登記の項もありますが、前項で紹介の『自分でできる相続登記』が充実しており、そちらをお薦めします。平成30年時点では、この本の内容がそのまま使えます。

添付書類のうち、契約書の扱いには注意が必要です。売買や贈与の契約書に盛り込めることは、この本で書かれたものには限らないからです。家族内での生前贈与なら十分使える内容です。

この本を安心して使える山林譲渡の条件も五つ挙げてみましょう。

1. 親子での山林贈与など、この土地に既に発生している問題（境界未確定や抹消困難な過去の登記など）をそのまま引き継げる関係にある
2. 登記情報に記載の所有者の住所が現住所と同じ。または、戸籍の附票に記載された過去の住所のどれか一つと同じ（住所変更登記が不要か、簡単にできる）
3. 不動産を手放す人は権利書（登記済証または登記識別情報通知）を紛失していない
4. 評価額が定められていない（固定資産税が非課税の）土地を含まない
5. 贈与そのものの是非や税務上の検討は別に済んでいること

遺言を書くための準備に役立つ本

実際に遺言を自分で書くための説明と用紙・封筒がセットになっている遺言書作成キットと、弁護士が監修しており公正証書遺言の作成準備にも使える参考文献を1冊ずつ紹介します。

『レッツ遺言セット　誰でも作れる遺言書』

司法書士相続遺言センター　著　全国官報販売協同組合　定価／本体価格1500円

お薦めポイント／封印済みの遺言書付き。実際に遺言を書いてみる人に

封印済みの遺言書入り封筒がついています。開封厳禁と書いてあり、中には何かが入っています。

筆者はこの本を国会図書館で閲覧したため、この遺言書完成見本の封を切ることができませんでした。遺言した人の死亡後に内容を知らない遺言書を発見してしまった相続人の心情（家庭裁判所に検認申立をするまで封を切ってはいけません！）を、少し体験できた気がします。

そんな効果を狙ったわけではないはずですが、遺言書とその作成を身近に感じさせてくれる本です。

自筆証書遺言、つまり自分で書く遺言書を作成したい人を対象とするこの本は、ここ数年でさまざま出版されるようになった遺言書の作成キットの一つです。遺言書作成用の用紙と封筒がついているほか、一般的な遺言の見本がＡ４判の大きな判型に大きな文字で示されています。親の山林を息子に相続させたい、というだけならば、この本で必要な遺言を完成させることができます。

記載例の冒頭に載っている「妻に全財産を相続させる」、という遺言を本書の見本と同じように1行で済ませるなど、読む人になるべく簡単に遺言を作成してもらいたい、そんな思いで作られた印象を受けました。

『遺言の書き方と相続・贈与』
比留田薫　監修　主婦の友社　編　主婦の友社　定価／本体価格１３００円

お薦めポイント／監修は女性弁護士。出版は主婦の友社。その狙いは……？
一般向けの遺言の本は、大きく二つの傾向に分けられます。
自分で遺言を書きたい人のための本。

誰かに遺言を書いてほしい人のための本。

この本は後者の立場を強調してはいませんが、ご主人に適切な遺言を書いてもらいたい奥さんには受け入れやすい内容だと感じます。夫が妻に全財産を相続させる遺言でも、この本には遺留分減殺請求を受けたとき手放す財産の順序を指定して、妻が住む自宅を守るなどの工夫が見られます。親しみやすさを目指した『レッツ遺言セット』とは対照的に、こちらは専門家の丁寧な相談を経てできる遺言の見本と言えるでしょう。

改訂版は複数回出ています。2015年の最新版では相続税法の改正にも対応しました。見開き2頁に一つずつ遺言書の類型を挙げて、カラーで解説をつけてあります。頁数の3分の1程度を割いて相続・贈与の制度も解説しており、公正証書遺言の作成や生前贈与などの相続対策に関心を持つ人が読んでおく本としても使えます。実はこの本、「ご主人に遺言を書かせたい奥さん向けの本」を探していて見つけたのですが、他の本と違って愛情に訴えたり危機感を煽ったりしないので落ち着いて読むことができます。

もう1冊、タイトルが凄い『その死に方は、迷惑です』（本多桂子　著　2007年　集英社新書）は遺言書の必要性を事例形式で納得させてくれますので、当分亡くなりそうにない方にお薦めすることがあります。読み物がお好きな方はこちらもどうぞ。

相続と登記の基本がわかる本

本書では紹介できなかった、相続に関する制度全般・不動産登記の読み方と関係する法律・戸籍謄本類の集め方の本です。紹介する3冊とも、これより難しいものは士業向けの本になってきますので、本書の読者にはこの3冊からお読みいただければと思います。

『Q&A日経記者に聞く相続のすべて』
後藤直久　著　日本経済新聞出版社　定価／本体価格1400円

お薦めポイント／士業・資格に偏らない解説書。一般的なQ&Aはこちらを著者が新聞記者なのです。この点が重要です。

相続の本はたいてい、士業やファイナンシャルプランナー、保険・不動産業などの人たちが出しています。最終的には自分への依頼を誘いたい、自分の資格でできる手続きの長所を強調したい、そんな偏りが感じられるものもあります。この本は著者の立場上、そこから離れることができています。どの士業・法制度も、実情を受け止めて是々非々で扱おうとしているようです。

想定する読者は相続税が発生するかどうかの境目か、それより資産の少ない人たち。つまり一般のご家庭です。50個のQ&Aで相続に関する制度全般を解説していますので、興味のあるところだけを拾って読むことができます。

特徴的なのは、士業などの専門家の活用方法に一章を割いているところです。相続登記は司法書士に依頼するのが通常で、その費用は数万円かかる、という点まで含めて、現時点で一般的だと考えられている情報を解説しています。

こちらの本が一般的なQ&A、本書が山林に的を絞ったQ&A、だから両者の言うことは違う箇所もある、そう考えていただければと思います。

『公図・不動産登記簿の読み方・調べ方』

山本芳治　著　ビジネス教育出版社　定価/本体価格2800円

お薦めポイント/身に覚えのない登記を見た人・集約化を担当する人に

相続登記に備えて登記情報をとってみた。

甲区の三番にある『条件付所有権移転仮登記』ってなんだろう?

そんなとき、法務局や司法書士への相談の前にこの本が役に立ちます。林地集約化等の準備のために、山林の登記情報や登記事項証明書を集める作業を担当することになった方にも適するでしょう。この本は、公図や登記事項証明書など登記に関して取得できる書類に書いてある言葉の意味や読み方、それに関わる法律を解説しています。

不動産登記の記載が法律に基づいて行われるために、法律の説明書になるのは避けられないのですが、抵当権・地上権・仮登記・差押といった登記がどんな制限を山林に加えているのかをこの本で知ることができます。登記の読み方でこの本より簡単な書籍は内容が十分でなく、詳しいものは士業などの実務家向けになってしまいます。

相続するときの戸籍の取り方がわかる本

『ムダ費用10万円カット　相続するときの戸籍の取り方：不動産相続手続き簡素化対応版』
橘　春来　著　ぱる出版　定価／本体価格２０００円
お薦めポイント／最大数万円の節約を可能に

ムダ費用10万円カット、という副題です。著者は上席国税調査官。相続税を扱う公務員です。つまりカットを目指す『ムダ費用』は、税理士による相続税申告での戸籍収集費用でしょうか。税理士さんの報酬額はさておき、親子の相続なら司法書士による戸籍収集費用は数万円におさまります。この本を手引きに戸籍を自分で集めれば、費用が節約できます。

不動産相続手続き簡素化対応版という副題もあります。これは平成29年から法務局が法定相続情報証明を出すようになったことを受けています。この制度の導入後も戸籍の収集は必要ですので、この本でも手続きが簡素になったと強調してはいません。本書でも説明を省略しました。

おおむね昭和30年代以前の戸籍は手書きで読みにくいことがあり、時に苦労させられます。この本の大きな特徴は、一般書ながらこの点に手厚い説明があるところです。類書の多くが単に活字で戸籍記載例を並べているのに対し、この本は実際の、しばしば雑に書かれた崩し字の例と読み方を示してくれます。相続に的を絞って、戸籍を次々に請求していくための読み方を丁寧に説明した点も長所です。

鈴木慎太郎　すずき・しんたろう

司法書士。社会保険労務士。「すずきしんたろう事務所」代表。愛知県名古屋市。

昭和48年生まれ。三重大学生物資源学部生物資源学科（森林社会学研究室）卒業。高校時代、旅先でスギの間伐見本林の姿に心惹かれたのがきっかけで林学科への進学を目指す。三重大学入学後に法社会学に興味を抱き、専攻に森林社会学研究室を選ぶ。

行政書士・土地家屋調査士事務所の補助者として測量・表示登記・農地転用等申請書類作成などに従事した後に、平成15年8月に社会保険労務士として開業、平成16年3月に司法書士登録し、現在に至る。

当初よりインターネットでの集客を指向し、他県からの依頼多数。里山の境界確定訴訟（本人訴訟の支援として文献・現地調査や準備書面作成）、遠隔地の山林・別荘・農地の相続にともなう現地調査や登記等の業務実績がある。

相談に訪れた人が自分で登記申請書・裁判書類を作ること（本人申請・本人訴訟）も支援している。

月刊「現代林業」誌上で「法律：税務・制度相談室」、月刊「林業新知識」誌上で「山林の名義変更ガイド」の執筆・解説を行っている。

WEB サイト：www.daishoyasan.jp

林業改良普及双書 No.188

そこが聞きたい
山林の相続・登記相談室

2018年3月15日　初版発行

著　者 —— 鈴木慎太郎
発行者 —— 中山　聡
発行所 —— 全国林業改良普及協会
〒107-0052 東京都港区赤坂 1-9-13 三会堂ビル
電 話　03-3583-8461
FAX　03-3583-8465
注文FAX　03-3584-9126
H P　http://www. ringyou. or. jp/

装　幀 —— 野沢清子（株式会社エス・アンド・ピー）
印刷・製本 — 三報社印刷株式会社

ISBN978-4-88138-355-1

一般社団法人　全国林業改良普及協会（全林協）は、会員である都道府県の林業改良普及協会（一部山林協会等含む）と連携・協力して、出版をはじめとした森林・林業に関する情報発信および普及に取り組んでいます。
全林協の月刊「林業新知識」、月刊「現代林業」、単行本は、下記で紹介している協会からも購入いただけます。
www.ringyou.or.jp/about/organization.html
＜都道府県の林業改良普及協会（一部山林協会等含む）一覧＞

180 **中間土場の役割と機能**　遠藤日雄、酒井秀夫ほか 著

造材・仕分け、ストック、配給、在庫調整、管理組織整備による価格交渉、与信、情報共有の機能を各地の事例から紹介。

179 **スギ大径材利用の課題と新たな技術開発**　遠藤日雄ほか 著

大径材活用の方策と市場のゆくえを整理し、「積層接着合わせ梁材」等、各地で進む新たな木材加工技術開発を探る。

178 **コンテナ苗　その特長と造林方法**　山田 健ほか 著

期待されるコンテナ苗。その特長から育苗方法、造林方法、省力・低コスト造林の手法まで理解する最新情報をまとめた。

177 **協議会・センター方式による所有者取りまとめ**—森林経営計画作成に向けて　全林協 編

協議会・センターなどの地域ぐるみの連携組織で、取りまとめや集約化、森林経営計画作成等を行う効率的実践手法。

176 **竹林整備と竹材・タケノコ利用のすすめ方**　全林協 編

放置竹林をタケノコ産地、竹材・竹炭・竹パウダー、整備を行い市民のフィールドとして活用する等の事例を紹介。

175 **事例に見る　公共建築木造化の事業戦略**　全林協 編

予算確保、設計・施工工夫、耐火、設計条件規制のクリアなど、公共建築物の木造化・木質化に見る課題と実践ノウハウ。

174 **林家と地域が主役の「森林経営計画」**　後藤國利　藤野正也 共著

森林経営計画制度と間伐補助について、どのように活用するか、実践者の視点でまとめた。

173 **将来木施業と径級管理—その方法と効果**　藤森隆郎 編著

従来の密度管理の考えではなく目標径級を決めて行う「将来木施業」とは何かを、事例を紹介しながら解説。

172 **低コスト造林・育林技術最前線**　全林協 編

伐採跡地の更新をどうするか。人工造林による持続する森づくりのための低コスト技術による実証研究を概観。